介護現場が楽しくなる！

高齢者とつくる 壁面かざり 12か月

監修　目白大学
◎小林修二
◎會田玉美
◎佐藤佐和子
◎佐藤彰紘

かんたん！
すぐに使える
下絵＆型紙
付き

日本文芸社

もくじ

高齢者と壁面かざりを楽しむポイント……… 4
制作を進めるときの6つの留意点………… 6
壁面かざりをつくる手順とコツ……………… 8
用意したい主な材料と道具…………………… 11
本書で使っている技法について……………… 12
介護現場でのスタッフの役割………………… 15
本書の使い方………………………………… 16

4月

新学期	クローバーと蝶	てんとう虫と青虫	花模様	たけのこ

▶P.18	▶P.20	▶P.22	▶P.23	▶P.24

5月

里の春 ▶P.26
母の日 ▶P.28
こいのぼり ▶P.30
いちご狩り ▶P.31
新緑 ▶P.32

6月

6月の花嫁 ▶P.34
父の日 ▶P.36
てるてる坊主 ▶P.38
あじさい ▶P.39
牡丹 ▶P.40

7月

ほたる ▶P.42
土用の丑 ▶P.44
七夕 ▶P.46
海開き ▶P.47
あさがおと虹 ▶P.48

8月

花火 ▶P.50
金魚すくい ▶P.52
真夏の居間 ▶P.54
セミとひまわり ▶P.55
とうろう流し ▶P.56

9月

たぬきのお月見 ▶P.58
ぶどう ▶P.60
金木犀 ▶P.62
虫の声 ▶P.63
稲刈りと案山子 ▶P.64

高齢者と壁面かざりを楽しむポイント

高齢者といっしょにつくる、四季折々の壁面かざり。季節感を味わいながらみんなで楽しくつくることで、高齢者によい刺激を与えます。より効果的に行なうためのポイントをおさえておきましょう。

1 高齢者の「自分で考える意思」を大切にする

壁面制作への参加は強制せずに、本人の「つくってみたい」という意思を大切にし、自発的に参加してもらうようにします。制作する作品のテーマもスタッフが選ぶのではなく、みんなで決めましょう。

その際、「テーマは何がよいでしょう？」と漠然とした質問をしても答えにくいものです。本書を見ながら、参加者がつくりたいと思うものを選んでもらうのがよいでしょう。

2 テーマや素材選びを工夫して楽しんでもらう

作品のテーマは、季節の花や生き物、行事、なつかしい風景など、高齢者にもわかりやすく、誰もがイメージしやすいものを選びます。テーマ選びだけでなく、素材の手触りやぬくもりなども、なつかしさや昔の記憶を呼び起こすきっかけとなります。参加者それぞれの心身機能や認知機能に働きかけることができる素材について、情報を得ておくこともおすすめです。

また、加齢に伴い、色の見え方が若い頃と異なってきます。高齢者には、本来の色に比べて暗く見えたりぼやけて見えたりするかもしれません。素材や絵の具は濃いめの色を選んだり、色の明暗（コントラスト）をよりはっきりさせるなど、多くの人が作品づくりや作品鑑賞を楽しめるように工夫しましょう。

3 みんなで作業を分担し、協力してつくる

参加者の健康状態や趣味、性格などを考慮して作業を分担し、みんなで協力して行なうようにします。参加者どうしが一緒に手を動かしながら会話をすることで、普段はあまり話をしていなかった人とのつながりも生まれてくるでしょう。
作業をするときは、自分の作業が作品のどの部分になっていくのか、作品の仕上がりをイメージしながらつくってもらうことで脳が活性化します。指先を使う作業にはリハビリの効果もあります。本書では、切る、貼る、ちぎるなどのいろいろな技法を取り入れた作品を紹介しています。

4 作業をくり返し行ない、自信をもってもらう

高齢者は制作スタート時は、不安が強く、作業をこなすことに精一杯です。そのため、作業に「自信をもってもらう」ためのサポートが大切になります。高齢者が作業に自信がもてるようになるには「くり返す」ことが重要ですから、作業の様子に目を配り、不安そうであれば作業の練習をくり返し行なうようにします。作業をくり返す中で高齢者自身がその作業の目的を理解し、よりよく見せるための創意工夫をするようになったら、「うまくできましたね」などの言葉をかけましょう。作業に自信がもてると、それが本人の大きな楽しみにつながります。

5 達成感や生きる意欲を感じてもらう

完成した作品について、感想や制作途中の出来事などを話す機会をもちましょう。自ら参加し、完成させたという達成感によって、次回の制作への意欲につなげていくようにします。さらに、「私は不器用だから役に立てなかった」などの否定的な感想を話す人がいたら、制作協力への感謝の意を述べ、参加することに意義があると伝えましょう。
作品は、いろいろな人の目にとまりやすい場所に掲示します。ご家族などに見せる機会があれば、参加者のモチベーションが格段に上がり、それが生きる意欲にもつながっていきます。

制作を進めるときの6つの留意点

高齢者と壁面かざりを制作するにあたって、参加者の身体状況や生活情報を把握する必要があります。話しかけるときに注意すべき点もおさえておきましょう。

留意点1 …… 高齢者の「しんどさ」を知っておく

高齢者とともに、楽しく安全に作品制作を進めるためにも、高齢者の身体面や精神面の特徴を知っておくことが大切です。高齢者の一般的な特徴は、次の通りです。

- 心肺機能が低下し、疲れやすい
- すばやい動きや細かい動きが難しく、細かい作業が行ないにくい
- 汗をかきにくく、物をもつときに手先が滑りやすい
- 目の焦点が合いにくく、色のコントラストがわかりづらい
- 昔から習慣的に行なってきたことの記憶や運動は保たれやすい傾向がある
- 新しく物事を覚えることは苦手な一方、「楽しかった」「嫌だった」などの感情記憶は保たれやすい。「なぜ楽しかったか?」という理由は覚えていなくても、「楽しかった」という感情は覚えていることが多い

留意点2 …… リスク回避!参加者の医療情報はつかんでおく

高齢者によっては、特定の疾患をもつ人もいますので、あらかじめ把握しておき、制作中にも配慮しましょう。

- 呼吸器疾患をもつ高齢者がいる場合は、有機溶剤系(シンナーなど)の薄め液の使用や、木工作業など、細かいゴミが出る作業は避ける
- パーキンソン病をもつ人には、筋の固縮傾向を強めてしまうような同一姿勢での長時間作業は不向き
- 脳卒中による片麻痺をもつ高齢者がいる場合は、片手で作業しやすい道具を用意する
- 認知症をもち、他者とのトラブルが多い人の場合は、席順を考慮することやミスの少ない作業を担当してもらうことで、トラブルを未然に防止できる場合も

留意点3 …… 昔とったキネヅカ?参加者の生活情報を把握する

参加者の趣味や嗜好を取り入れることで、制作への導入が行ないやすくなります。若い頃から経験を積んでいる作業は、年をとってさまざまな機能が低下しても、スムーズにこなせることが多いものです。そのため、若い頃にどのような仕事をしていたか、普段どのような暮らしをしていたかということも導入や作業分担の重要な情報となります。

留意点4 …… 作業しやすい心地よい環境をつくる

制作を行なう際は、背もたれと肘かけ付きのイスに座ってもらうようにします。車イスは身体が後ろに倒れやすく、机上作業には不向きです。
車イスで作業を行なわなければならない場合は、足を車イスのフットサポートから降ろし、足が床に着かないときは足台を用意して身体が安定するようにします。
テーブルの高さは、へそより少し高いくらいが作業しやすいでしょう。また、一度にたくさんの材料や道具を並べず、工程ごとに必要な最低限の備品を用意します。

留意点 5 …… 作業内容は一気に説明しない

高齢者は新しいことを覚えるのが苦手なので、一度に説明するのではなく、作業の順を追ってひとつずつ説明しましょう。制作する作品が変わっても、同じ技法を使う部分は同じ人にお願いすることで、説明は不要となっていき、参加者の自信にもつながります。

留意点 6 …… 認知症の人の言動はそのまま受け入れる

認知症の人の会話は一見すると「自分勝手」「困らせることばかりいう」と感じてしまうかもしれません。しかしそれは、目の前で起こっていることについて、失われていく記憶の中で何とかつじつまを合わせようとがんばっているのです。そのような認知症の人とのコミュニケーションでは、間違っている言動を正しく訂正するのではなく、その人の言動をそのまま「受け入れる」ことが最も大切です。

各場面での会話例

壁面かざり制作への参加を促すとき

✕「壁面かざりをつくる時間だから行きますよ」

○「壁面かざりをつくります。一緒に行きませんか？」

認知機能の低下防止には、本人の意思を尊重し、生活の中で自ら判断する機会をもつことが大切です。自ら参加してもらい、それが楽しい経験となれば継続参加してくれるでしょう。

作業の指示をするとき

✕「はさみでそれを切り終わったら、次はそれをそこに貼り付けてくださいね」

○「はさみでこれを切ります」
　↓
「次はこれを貼ります」

一度の会話で2つ以上の指示をしないようにします。最初の作業が終わってから、次の作業の指示をします。

間違ったやり方をしているとき

✕「どうして、そうしたの？」

○「このようにしてはどうでしょう」

「なぜ」「どうして」という言葉を使わないようにします。具体的な言葉で指示し、言動の理由を聞くことはしません。

認知症の人の話を聞くとき

たとえば、認知症の人に「夜中に誰かが私の部屋に入ってくる」という話をされたときは、否定せずに話を受け入れる必要があります。

✕「そんなことはありませんから、大丈夫ですよ」

○「誰かが部屋に入ってきたのですね。それは怖かったですね。それは今までの人生で一番怖い経験でしたか？」

言葉をくり返すことや気持ちに共感することで、認知症の人は安心感を得ることができます。また幻覚妄想には、その人の抱えているフラストレーションが表れていることも多く、「今までで一番……」などの極端な表現を用いて聞くことで、その人のもつフラストレーションを知ることができる場合があります。

壁面かざりをつくる手順とコツ

実際に作品の制作を進めるときの手順を紹介します。進行がスムーズになる参加人数や「制作名簿」の準備について、また実際の作業の進め方について紹介します。

STEP 1 「クローズドグループ」での制作が理想

オープングループ（自由参加）よりも、クローズドグループ（決まったメンバーで制作を行なう）のほうが集団としての一体感が得られやすくなります。人数は8～10名がよいでしょう。工程の中で一部参加する人も多いので、一度に全メンバーが揃う必要はありません。工程ごとに役割分担ができますし、参加者どうしが協力して制作したという実感もわきやすくなります。

はじめての作品制作の場合、誰でも参加には多少の不安があるものです。「やってみましょう！」という積極的な声かけだけではなく、不安の強い人には「手伝っていただけませんか？」のように声をかけることで参加へのハードルを下げることができます。自分から「やりたい！」といえるような積極的な高齢者だけではなく、孤立しがちな人、部屋に閉じこもりがちな人がテーブルの端で制作に参加することから、他者と交流をもつきっかけにもなります。

STEP 2 「制作名簿」で、次回からの引き継ぎもスムーズに

参加者が10名程度の場合、スタッフが2名いると、制作の準備や認知症の人への対応も行ないやすくなります。制作を進めるときは、名簿をつくっておくことをおすすめします。参加者とその作業内容を記載しておくと次回の制作に活かすことができますし、スタッフが変わっても対応しやすくなります。

●制作名簿の記入例

○年○月○日	作品名：七夕		担当者　橋本
	参加者氏名	作業内容	申し送り
1	目白　太郎	つくり方1（たんぽで背景をそめる）	むらなくそめるのが難しいようだった
2	目白　花子	つくり方3（色画用紙でかざりをつくる）	細かい模様もきれいに切ることができた
3	……	……	……

STEP 3 作品を決めて、作業の見通しを立てる

本書を参考に、みんなで制作する作品を決めます。女性はどちらかといえば制作プロセスを楽しむのに対して、男性は制作プロセスよりも作品の「完成度」を重視する傾向があります。ですから、参加者に男性が多い場合は、子どもっぽくなりすぎず、大人らしいモチーフにすることも大切です。

作品が決まったら、1日の作業時間を決め、完成までの見通しを立てます。制作には、少なくとも1～2週間程度の時間が必要です。季節や行事に合わせたテーマの作品を制作する場合、作品の掲示時期に合わせて制作を開始するようにします。

STEP 4 安くても使いやすい材料をそろえる

本書で使っている材料や道具のほとんどは、100円ショップで買いそろえることができます。注意したいのは、「安さ」を追求しすぎて「安全性」や「使いやすさ」を損なわないようにすることです。参加者やスタッフのアイデアで、本書で紹介している以外の材料を取り入れるのもよいでしょう。アイデアが採用されると参加者の自信にもつながります。

高齢者が使いやすい道具として、片手用はさみやペンホルダーなどがありますが、このようなものは100円ショップではそろわないことが多いでしょう。今後も長く使えることを考えると、事前に買いそろえておくことをおすすめします。

※片手用はさみ：平らになった柄を片手で押すだけなので、握らなくても使えます。ペンホルダー：指が動きにくい人や指の力がない人でも、ペンを使うことができる補助具です。

STEP 5 作業の分担を決める

参加者の心身機能レベルに合わせた作業ができるように（認知症の度合い、片まひの有無など）、作品に合わせて作業分担を考えます。
理解力が低い認知症の人や作業性の低い人には「たんぽで色をそめる」「折り紙や和紙をちぎる」「ちぎった折り紙を貼る」「紙粘土をまるめる」など、失敗が目立ちにくく、単純作業のくり返しになるような作業を選ぶとよいでしょう。その場合は、作品の中でも簡単な構図の場所から作業をはじめます。
作業能力の比較的高い人であれば、「モチーフのパーツをつくる」「紙以外の素材（毛糸、フェルト、あく取りシートなど）を切る」「絵の具で色を混ぜ合わせる」「パーツを貼る場所を考える」など、少し細かい作業や複雑な作業を担当してもらうことで満足度が高くなる傾向があります。

簡単　難易度の低い作業

本書では、比較的難易度の低い作業を 簡単 、少し複雑な作業を 挑戦 というアイコンで示しています。作品選びや作業分担を考える際に参考にしてください。たんぽなど、制作に使う道具をみんなでつくるのも楽しい経験となります。
作品制作が進むにつれて、好みの作業が出てきます。心身機能の維持・向上をねらって、さまざまな作業を提供する必要はありません。個人の好みの作業が継続できることが心身機能の維持・向上につながります。本人が楽しむ気持ちが一番大切です。
制作を進めている段階で、作業分担が参加者の心身状況に合っていないと感じたらスタッフが援助するとともに、必要に応じて作業内容を変更し、参加者の失敗体験にならないように配慮しましょう。
また、本書では、すべての作業工程を高齢者のみで行なうことを想定していません。スタッフもいっしょに、それぞれが"できる作業"を分担して協力し、作品を完成させていきましょう。

挑戦　難易度の高い作業

STEP 6 会話を楽しみながら制作する

本書のつくり方を参考に、制作を進めましょう。制作中は、作成する作品に関する思い出話などをしながら、なごやかに行ないましょう。壁面かざりの制作は手段であって、目的は心身機能の維持・向上や他者との交流であることを忘れずに。多少のミスがあったとしても参加者の失敗体験にならないよう、制作のフォローをしましょう。スタッフには、"失敗を失敗に見せない制作技術"が大切だといえます。

型紙の使い方 （型紙はコピーしてお使いください）

つくりたい作品の大きさに合わせて巻末の下絵や型紙（114ページ以降に掲載）をコピーします。下絵は、背景全体を写す必要がある作品のみを掲載しています。

なお、本書の作品は四つ切り画用紙のサイズ（縦約390ミリ×横約540ミリ程度）で制作しています。このサイズで制作する場合は、巻末の下絵や型紙を400％に拡大コピーをして使用します。それ以外のサイズで作成する場合は、次のような計算をします。

巻末付録　型紙の使い方

①つくりたい作品の大きさを決める

作品を飾るスペースに合わせて、つくりたい作品の大きさを決めます（仮に67.5cmとします）。

【型紙の場合】
型紙のみの作品についても、下絵の大きさと型紙の大きさの比率は同じです。
型紙は13.5cmではありませんが、「13.5cmの下絵から抜き出したもの」なので、倍率計算は下絵と同様に行ないます。

型紙ひとつひとつは13.5cmではないが、13.5cmとして倍率計算を行なう。

②次の式を使って倍率を計算し、下絵・型紙を拡大コピーする

つくりたい大きさ ÷ 下絵・型紙の大きさ ×100
= 67.5 ÷ 13.5 ×100 = **500**（％）

※本書の「下絵の大きさ」は、すべて13.5cmとなります。

➡ 1回でコピーがとれない場合

コピー機の拡大倍率が400％までで、1回でコピーがとれない場合は「拡大したい倍率÷最大拡大倍率×100」で計算しましょう。

例　500％に拡大したい場合
「500÷400×100＝125」なので、まず400％で拡大コピーした型紙を、さらに125％で拡大します。

➡ 1枚でコピーがとれない場合

作品によっては、下絵全体を台紙に写したり、大きな型紙を写したりする必要があります。型紙が大きすぎて1枚でコピーがとれない場合は、半分に分けてコピーします。

原寸で型紙のコピーをとり、半分に切る。

それぞれを拡大コピーして、中央をテープでつなぎ合わせる。表側にテープを貼ると、後で型紙をなぞりにくいので、裏側でつなぎ合わせる。

※下絵・型紙と、本書で紹介している作品の写真は、細部で異なるものもあります。

次に、拡大コピーした型紙を台紙となる画用紙などの上にのせ、シャープペンシルの先端部分（芯を出さない）で強くなぞって画用紙に写します。なぞった線だけでは見えにくい場合には、色鉛筆等でさらに上からなぞり、なぞった線を見えやすくします。もし、画用紙にコピーできるコピー機があれば、そのまま型紙をコピーして使用するのもよいですし、型紙と画用紙の間にカーボン紙をはさんでなぞり、線を写してもよいでしょう。カーボン紙を使う場合は、型紙を写した線がうまくかくれるようにつくります。薄い色のフェルトに油性ペンなどで型紙を写すときも、型紙を裏返しにしてフェルトの裏側に写すとよいでしょう。

型紙を台紙の上にのせ、シャープペンシルの先端部分でなぞって画用紙に写す。

カーボン紙で線を写す場合、黒画用紙には赤いカーボン紙を使うとよい。

用意したい主な材料と道具

ここで紹介している材料や道具のほとんどは、100円ショップで購入することができます。
材料をそろえるときの参考にしてください。

材料

紙類

折り紙のサイズは大中小とあるので、作品に合わせて選ぶ。

水玉やチェックの洋風柄の折り紙は、人物の洋服の柄などに最適。

伝統的な和柄の折り紙。種類が豊富で、人物の着物の柄や背景にも使える。

和紙の風合いを生かした折り紙。あしらいに効果的に使える。

メタリックな輝きが印象的な折り紙。色も柄もさまざまで、アクセントに使える。

色画用紙。サイズや厚さが選べる。折り紙とは質感を変えたいときなどに。

独特の風合いが楽しめる手もみやすき紙風など、和紙の種類もさまざま。

その他

フェルト。サイズ・色が豊富。人物の肌や花びらの質感を表せる。

麻ひもと毛糸はそのまま貼ったり、ほぐして貼ったり、質感を出したいときに便利。レースやリボンも活用を。

半紙とお花紙。半紙は絵の具でいろいろな色にそめて使える。

カラー段ボール。でこぼこしているので、質感を出したいときにおすすめ。

左から、クリアファイル（大）、カラークリアファイル、EVAシート、カーボン紙（黒・赤）。スズランテープやわた、あく取りシートも壁面かざりの材料として活躍する。

道具類

切る

カッターマットの上のものは左から、紙用はさみ、布用はさみ、ニッパー、円切りカッター（大・小）、デザインカッター、カッターナイフ。用紙をきれいにまるく切りたいときは円切りカッター、竹串などを切るときはニッパーを使うと便利。使い方は12ページ参照。

貼る

上から時計回りに、木工用接着剤、のり、のり用の小皿と筆、テープのり、マスキングテープ（写真はサージカルテープ）、両面テープ。使い方は12ページ参照。

そめる／ぬる

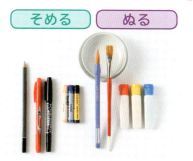
左から、鉛筆、油性ペン（赤・黒）、クレヨン、絵の具用の小皿と筆、絵の具（水彩絵の具、アクリル絵の具など）。絵の具を溶くときはパレットを使ってもよい。使い方は14ページ参照。

本書で使っている技法について

本書では、主に9つの技法を使って作品を制作しています。
作品ごとに、どの技法を使っているのかを示していますので、作品選びの際の参考にしてください。

折る

紙をじゃばら折りにしたり、折り紙を手順通りに折ったりします。紙の角と角をそろえてきれいに折ることを意識するとよいでしょう。指先を使う作業は認知機能の低下防止に。

お花紙で花をつくるときは、8枚ほどを重ねて1.5cm程度のじゃばら折りに。指先で押さえ、しっかり折り目をつけて折っていくのがポイント（お花紙で花をつくる作品は、28ページなどで紹介）。

切る

色画用紙などに型紙を写し、はさみやカッターで切ります。線の通りに切ることに集中しながら手先を使うので、認知機能の低下防止が期待できます。

注意点とコツ
- はさみやカッターの刃に汚れやのりがついていると切れ味が悪くなるので、使用後はきれいにふき取る。
- カッターを使うときはカッターマットを敷き、テーブルに傷がつかないようにする。
- はさみは、紙や布など切るものによって使い分ける。
- 刃物の使用時は目を離さずに見守り、使用後は厳重に管理する。

段ボールなど厚みのある紙を切るときは、カッターを使う。直線部分は金属の定規をあてて切る。テーブルを傷つけないようにカッターマットを敷くこと。

細かい部分を切り抜くときは、デザインカッターで。カッターマットに紙をマスキングテープで貼って固定し、刃はいつも手前に向けて動かす。切りやすい向きにマットを動かしながら切る。

はさみで型紙通りに切るときは、まず輪郭に沿っておおまかに切り、それから細かい部分を切っていく。

フェルトを切るときは、はさみの刃がフェルトに垂直にあたるようにして、少しずつゆっくりと切る。

貼る

のりや木工用接着剤をつけて貼ったり、テープのりや両面テープで貼ったりします。両面テープは、全面的に貼るときなどに使うと便利です。

ちぎった紙を貼るときは、でんぷんのりを水で薄めて使い（のりと水の割合は1:1）、絵筆でぬる。指についたのりをふくために、ぬれふきんを用意しておくとよい。

毛糸を広い面積に貼るときは、手が汚れにくいテープのりを使うと便利。貼りたい場所にテープのりをのばし、毛糸をのせて押さえる。はがせるタイプや強力粘着タイプなどもある。

フェルトや毛糸、紙粘土、モールなど、厚みのあるものを貼るときは、木工用接着剤を使う。

竹串や細かいものを貼るときは、爪楊枝を使って木工用接着剤をぬるとよい。

ちぎる

折り紙や和紙、色画用紙などをちぎって貼り絵にします。指先を使う作業は認知機能の低下防止やストレス発散の効果が期待できます。

紙を必要な大きさに自由にちぎる。一度くしゃくしゃにすると、力のない人やちぎるのが難しい人にも安心。大きめの紙を使うこと。

注意点
● 折り紙や色画用紙を扱うときは、紙の端で手を切らないように注意する。

削る

クレヨンで好きな色をぬり、上から黒いクレヨンでぬりつぶしたら、竹串などを使って黒いクレヨンを削ります。削ったところに、下にぬったクレヨンの色が現れます。指先の細かい作業を行ないながら、色彩を楽しむことができ、認知機能の低下防止が期待できます。

黒いクレヨンを削るときは、削る面積に合わせて竹串や爪楊枝、割り箸などを使う。

こねる

紙粘土をこねたり、まるめたりします。ふわっと軽い紙粘土もあり、においがなく、手も汚れにくいので壁面かざりづくりに便利です。昔の「土遊び」にも似た粘土の作業は、精神を安定させる効果が期待できます。

注意点 ● モチーフが厚くなりすぎないように、全体のバランスを見て量を調整する。

2色の紙粘土を混ぜて、使いたい色がつくれる。ここでは、赤と黄色を混ぜてオレンジ色をつくる。指で混ぜたり、テーブルの上（マットや紙を敷く）に置いて手のひらでこねたりすれば、片手でもできる。

白い紙粘土を使って、好きな色にそめてもよい。形をつくるときは時間がかかるので、型紙をそばにおいて参考にしながらつくるとよい。

小さくまるめるときは、両手でまるめたり、テーブルの上でまるめたりする。

押す

鉛筆の頭をスタンプのように使ったり、型紙に合わせてつくったスタンプを押したりします。スタンプは1人に1個あるとよいでしょう。きれいに押すために何度か練習します。

注意点とコツ
● いらない紙で濃さやでき上がりを確認してから押す。
● 色を変えたい場合は、水を含ませた布などで絵の具をきれいにふき取ってから使う。

鉛筆の頭に絵の具をつけて、スタンプのように押す。押すときは垂直に。作品では、雪を表現するときに使っている。

手づくりスタンプに絵の具をつけて台紙に押す。押す位置を決めたら、ずれないように上からしっかり押さえて、端が薄くなったりしないようにスタンプ全体をしっかり押すこと。

スタンプのつくり方 (74ページのもみじのスタンプ)　材料：型紙、EVAシート、メラミンスポンジ

1. シートに型紙を写して切る。 2. 全体を切り取ってから、切断面が斜めになっている部分を垂直に切るなど、細かい部分の形を整える。

3. 木工用接着剤や両面テープでメラミンスポンジに端まできれいに貼り付け、スポンジをシートの形に合わせてはさみで切る。
4. メラミンスポンジで持ち手をつくる。メラミンスポンジにはいろいろなサイズがあるので、スタンプの大きさに合わせて選ぶ。

そめる

筆やたんぽを使って絵の具でそめたり、ステンシルプレートの上からたんぽで色をつけて、型通りにそめたりします。どこからそめていくのか、どのような色にそめるのか考えることで、認知機能の低下防止に。

注意点とコツ
- 背景全体をそめるときは、いらない紙を敷いてテーブルが汚れないようにする。
- たんぽでそめるときは、いらない紙にたんぽを押して、余分な絵の具を落としてから作品をそめる。
- ステンシルに使う絵の具は、水を入れすぎないようになるべく濃いめに溶く。
- アクリル絵の具を使う場合、ひじょうに乾きやすいので、使い終わったらパレットや筆はすぐに洗う。

半紙を2枚重ねて絵筆で好きな色にそめると、やわらかな独特の風合いが出る。紙粘土でつくった立体物をくるんだり、型紙を写して切ったり、さまざまに使える。

たんぽで背景をそめるとき、アクセントをつけたい場合はシュッシュッと強めにぬる。

ステンシルするときは、こすらずに、プレートの真上から軽くポンポンと押し、少しずつ色をつける。

たんぽのつくり方
材料：ガーゼや古布、わた、割り箸、輪ゴム
※持ち手が太いほうが使いやすい人は、割り箸を割らずにそのまま使ってもよいでしょう。

1. つくるたんぽの大きさに合わせて、ガーゼや布を切っておく。小さいたんぽは約15cm×20cm、大きいたんぽは約15cm×25cm。

2. わたをまるめて、割り箸を入れる。わたは固くまるめたほうが使いやすい。

3. ガーゼや布でしっかりとくるみ、輪ゴムでとめる。

ステンシルプレートのつくり方
（88ページの雪の結晶のプレート）
材料：型紙、クリアファイル

クリアファイルに型紙を写して切り抜く。プレートは、型紙の周囲にゆとりをもたせて大きめにつくると使いやすい。雪の結晶のように規則正しく直線が並んだ形の場合、カッターで切るときに方向が同じものは一度に切っておく。

※白画用紙の上に置いて使う場合は、ステンシルプレートが見えやすいようにカラーファイルでつくるとよいでしょう。
※型紙をそのまま切り抜いて使う場合は、一度しか使えません。

ぬる

線の中をクレヨンでぬったり、輪郭線に沿ってラメ入りペンでぬったりします。ぬるときの力の入れ方で色の濃さを調節するなど、加減ができます。指先を使い、どのような色にぬるのか考えることで、認知機能の低下防止に。

クレヨンはしっかりぬりつぶすことで、きれいな仕上がりとなる。

輪郭線をラメ入りペンでぬることで、モチーフが引き立つ。

注意点
- クレヨンを使うときは手や腕、衣類が汚れるので、そでをまくり、作品の上に紙をのせて手を置いたり、使い捨てのビニール手袋を使ったりする。

材料選びと作業時のポイント
- 子どもっぽい作品にならないように注意して材料を選びます。色画用紙のみ、折り紙のみといった単一素材でつくられた作品は、子どもっぽい印象を与えがちです。違う素材を組み合わせて制作することを心がけましょう。
- 素材を切ったり、貼ったり、ちぎったりするときに、素材の手触りを楽しんでもらうようにします。つるつるしていたり、ざらざらしていたり、ふわふわとやわらかかったりする素材の違いを感じてもらうことで、脳にも刺激を与えます。

介護現場でのスタッフの役割

介護現場では、さまざまな職種のスタッフが働いています。職種によって業務も変わってきますので、主な役割を確認しておきましょう。

1. 「その人らしい人生」を介護という側面から支える

心身が不自由な人の身のまわりのお世話をすることだけが介護ではありません。高齢者に限らず、介護では「その人らしさ」を支援することが大切で、そのためには、対象者が「愛される」「自分を認めてもらう」「自分の可能性を最大限に生かす」ということを経験できるようにすることが必要です。

介護スタッフは要介護者の最も近くにいる存在です。「介護」を通じて、その人らしい人生を送ることを支えるのが介護スタッフの役割です。

※介護スタッフ自身も、日々の介護に時には息切れすることがあるかもしれません。スタッフという側面だけではなく、壁面かざりの制作などを楽しむ参加者としての側面も大切に。いっしょに楽しむことでバーンアウト(燃え尽き症候群)の予防の一助にもなるでしょう。

2. 高齢者には敬意をもって接する

高齢者に対しては、人生の先輩として最大限の敬意をもって接することが大切です。たとえば相手をほめるときも、心のこもっていないほめ言葉では、相手は喜びません。高齢者は、いわば人生の「玄人(くろうと)」です。相手の目をしっかりと見て、明るい表情で、心をこめて言葉をかけることが大切です。

また、高齢者の表情や感情は自分の鏡だと思いましょう。高齢者がつまらなそうな表情をしているときは、自分もつまらない表情をしているものです。自分自身が笑顔で作業や介護を楽しむことが大切です。

3. リハビリテーションスタッフとの連携

リハビリテーションを行なう主な職種は、作業療法士、理学療法士、言語聴覚士です。普段、困難を感じている日常生活動作の介助方法やレクリエーションの実施方法などは、これらのリハビリテーションスタッフに相談することで解決する場合が多いでしょう。リハビリテーションスタッフにとっても、介護スタッフから聞く現場での生の情報はとても重要です。職種間で情報交換を行ない、十分な連携をもつことは、介護スタッフ、リハビリテーションスタッフ、要介護者のみんなにとって有益です。

作業療法士
OT：Occupational therapist

日常生活活動や社会参加に向けたリハビリテーションのスペシャリスト。介助方法の工夫や福祉機器の選定、手工芸を行なうための便利グッズに関して相談するとよいでしょう。

理学療法士
PT：Physical therapist

身体機能や歩行、物理療法(温熱療法等)に関するリハビリテーションのスペシャリスト。筋力や関節拘縮(こうしゅく)、歩行や痛みに関することは、理学療法士に相談します。

言語聴覚士
ST：Speech-Language-Hearing therapist

話すこと、聞くこと、食べることに対するリハビリテーションのスペシャリスト。脳卒中後の失語や、脳卒中・高齢者で頻発する誤嚥性(ごえんせい)肺炎等の支援方法について相談してみましょう。

本書の使い方

壁面かざりのページ

❶ 技法
作品をつくるときに使う主な技法を色で示し、使っていない技法は灰色にしています。それぞれの技法のくわしい内容については、12～14ページをご覧ください。

❷ コツ
よりよい作品づくりのためのコツやポイントのアドバイスです。

❸ 準備品
折り紙や絵の具など、作品づくりに必要な材料を示しています。はさみやのりなど、切ったり貼ったりするときに必要な道具(11ページ参照)は記載していません。

❹ つくり方
制作手順を説明しています。

❺ 簡単　挑戦
参加者の心身機能レベルに合わせて作業が分担できるように、手順に 簡単・挑戦 のマークを入れて示しています。

簡単 比較的難易度の低い作業。たんぽで色をそめたり、紙をちぎって貼ったりするなど、失敗が目立ちにくく、単純作業のくり返しになるような工程。

挑戦 少し難易度の高い作業。複雑な型紙を写して切ったり、フェルトやあく取りシートのような紙以外の素材を切ったり、モチーフのパーツをつくったりする工程。

❻ 声かけ
作品をつくっているときに、スタッフから参加者にかける言葉のヒントを示しています。参加者の様子を見ながら声かけを行ないましょう。

❼ 下絵　型紙
下絵および型紙の掲載ページを示しています。下絵は、すべての作品に掲載しているわけではありません。下絵や型紙がない場合は、作品の写真を参考につくってみてください。

❽ 壁面かざりの大きさ
本書で紹介している作品は、すべて四つ切り画用紙のサイズ(縦約390ミリ×横約540ミリ程度)でつくっています。違う大きさでつくりたい場合は、作品を貼るスペースに合わせて、つくる大きさを決めましょう。

型紙ページ

壁面かざりの制作に必要な型紙は、巻末の「コピー用下絵・型紙集」(114～159ページ)に掲載しています。つくりたい作品の大きさに合わせて型紙を拡大コピーしてお使いください。型紙の拡大コピーのしかたや写し方については、10ページをご覧ください。本書の作品と同じ四つ切り画用紙のサイズでつくる場合は、本書の型紙は**400%に拡大コピー**をして使用できます。

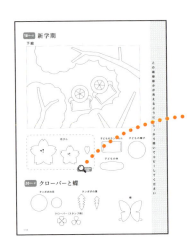

200%拡大
小さな型紙については、ほかの型紙よりも**200%拡大した大きさ**で掲載しています。コピーして使うときは、ほかの型紙の**2分の1の倍率**で拡大して使用してください。

4月

新学期 ▶P.18

てんとう虫と青虫 ▶P.22

たけのこ ▶P.24

クローバーと蝶 ▶P.20

花模様 ▶P.23

桜が咲き、春のやわらかな光が降りそそぐ4月。

新学期がはじまるなど、さまざまな出会いのある時期でもあります。

クローバーと蝶、たけのこなど、春の訪れを感じさせるモチーフで

壁面にも春を呼び込みましょう。

新学期

いよいよ新学期がはじまります。満開の桜も子どもたちを見守り、応援しています。

技法　折る / 切る / 貼る / ちぎる / 削る / こねる / 押す / そめる / ぬる

コツ
★ 基本的な技法を使って制作できる
★ 背景は、たんぽを使ってそめると味わいのある印象に

準備品

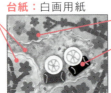

台紙：白画用紙
芝生と桜：絵の具、たんぽ、折り紙、毛糸
花びら：折り紙
子どもたち：色画用紙、フェルト、毛糸

つくり方

1. 台紙に桜の木の下絵を写す。

【簡単】
2. 芝生部分を絵の具できみどりに、桜部分をピンクに、たんぽでそめる。木の幹部分に折り紙をちぎって貼り、芝生と桜の境目に沿って毛糸を貼る。

3. 色画用紙とフェルトに子どもたちの型紙を写して切る。ランドセルと帽子の線の部分に木工用接着剤をぬって毛糸を貼り、体→ランドセル→帽子の順に台紙に貼る。

【挑戦】
4. 花びら（型紙）を折り紙に写し、おしべをペンで描き、切って貼る。

声かけ
好きな折り紙（柄）を選んで花びらをつくりましょう

下絵 型紙 ➡ 114ページ

# クローバーと蝶

四つ葉のクローバー畑に蝶が遊びにきました。
タンポポも咲いています。

技法 折る　切る　貼る　ちぎる　削る　こねる　押す　そめる　ぬる

コツ
★ 蝶の羽の間にわたをはさむと立体感が出る
★ クローバーは三つ葉と四つ葉のスタンプをつくって押すと楽しい

準備品
台紙：白画用紙
クローバー：スタンプ、絵の具
蝶：半紙、絵の具、わた
タンポポ：色画用紙、フェルト、毛糸
シロツメクサ：お花紙、絵の具

つくり方

1. クローバー（型紙）のスタンプをつくり（13ページ参照）、台紙全体に押す。

   声かけ 台紙全体に自由に押しましょう

2. 半紙を絵筆でそめ、乾いたら4分の1サイズに折って型紙を写し、蝶の形に切る。4枚重ねて台紙に貼り、羽の間にわたをつめる。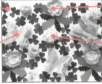

3. タンポポの茎（毛糸）と葉（型紙）を貼る。花は、まるく切った色画用紙を手でにぎり、シワをつけて貼る。

4. お花紙を8分の1に切り、4枚重ねてじゃばら折り（12ページ参照）にし、中央をホチキスでとめて1枚ずつ開き、シロツメクサをつくる。絵の具でそめ、台紙に貼る。

型紙 ➡ 114ページ

4月 てんとう虫と青虫

型紙 ➡ 115ページ

花壇をそっとのぞいてみると、てんとう虫や青虫が元気に活動しています。

技法
折る / 切る / 貼る / ちぎる / 削る / こねる / 押す / そめる / ぬる

コツ
★てんとう虫と青虫は、双葉やじょうろと同様に台紙とは別の画用紙の上に毛糸を貼りつけ、形に沿って画用紙ごと切り取り、台紙に貼るときれい

準備品
- 台紙：白画用紙
- 空：和紙
- 柵：白画用紙
- 双葉、じょうろ：色画用紙、折り紙、和紙
- 用具：折り紙
- 土：絵の具、たんぽ、クレヨン
- レンガ：紙粘土
- てんとう虫と青虫：色画用紙、毛糸、フェルト

つくり方

1. 土をたんぽでそめる。空は和紙を刃がギザギザのピンキングばさみなどで切って両面テープで貼り、柵（型紙）は画用紙を切って貼る。

簡単 2. 紙粘土でレンガをつくって貼る。双葉とじょうろ（型紙）を画用紙に写し、折り紙と和紙をちぎって貼る。形に沿って切り、台紙に貼る。

挑戦 3. てんとう虫と青虫は、型紙を写した画用紙に、テープのりで毛糸を貼る。目や模様はフェルトでつくる。

4. 用具（型紙）は折り紙を切って貼る。土のでこぼこをクレヨンで描いて仕上げる。

声かけ 虫が増えてくると、春を実感しますね

4月 花模様

型紙 ➡ 115ページ

桜、スミレ、パンジー、マーガレット、八重山吹など。春の可憐な花びらを集めました。

技法

折る / 切る / 貼る / ちぎる / 削る / こねる / 押す / そめる / ぬる

コツ

★ 和紙を縦と横に交互にはさみ、格子模様をつくる
★ 見本に合わせなくてよいので、好みの花を好きな場所に貼る。好みの花を新しくつくるのも◎

準備品

外枠：千代紙
格子模様：和紙
桜：白画用紙、毛糸
八重山吹：フェルト
スミレ：和紙
パンジー：白画用紙、絵の具、色鉛筆、ラメ入りペン
台紙：白画用紙
クレマチス、マーガレット：黒画用紙、千代紙

つくり方

挑戦 1 和紙を縦用8本、横用6本に切る。交互にはさみ、格子模様にし、両面テープで台紙に貼る。

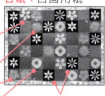

2 各花は、型紙を使って画用紙に写す。**桜**：毛糸を貼って切り、格子模様の上に貼る。**スミレ**：和紙の花びらを5枚重ねて貼る。**八重山吹**：フェルトの花びらを12枚重ねて貼る。**パンジー**：画用紙をそめて花びらの形に切り、4枚重ねて貼る。花の中央に色鉛筆などで色をつける。**クレマチス、マーガレット**：黒画用紙を花の形に切り抜き、下に千代紙を重ねて貼る。

声かけ
春の花は何が好きですか？

簡単 3 台紙の外枠部分に千代紙をちぎって貼る。

たけのこ

型紙 → 115ページ

金色の竹林は、まるでおとぎ話のよう。生き生きとしたたけのこに日本の春を感じます。

技法: 折る / 切る / 貼る / ちぎる / 削る / こねる / 押す / そめる / ぬる

コツ:
- ★ 背景の金色は、思い切りよく絵筆でそめる
- ★ 竹の葉のステンシルプレートは、1枚葉用、2枚葉用などいくつか用意すると使いやすい

準備品:
- 背景：アクリル絵の具
- 竹の葉：ステンシルプレート、絵の具、たんぽ
- 竹とたけのこ：折り紙数種類
- 台紙：白画用紙
- かご：麻ひも
- 竹林の土：フェルト

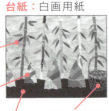

つくり方

簡単

1. 台紙の背景部分を絵筆で金色にそめる。
2. 竹林の土はフェルトを切って貼る。
3. 竹とたけのこ（型紙）を写して折り紙を切り、バランスを見て貼る。
4. 竹の葉（型紙）のステンシルプレートをつくり（14ページ参照）、台紙にプレートをあててステンシルする。

声かけ: プレートがずれないようによく押さえて

押さえることが難しいときは、隣の人に手伝ってもらうようにする。

挑戦

5. かご用の麻ひもを切り、写真を参考に台紙に貼りつける。

5月

里の春　▶P.26

こいのぼり　▶P.30

新緑　▶P.32

母の日　▶P.28

いちご狩り　▶P.31

若葉がいきおいを増し、さわやかな風とともに初夏の便りがとどく5月。

母の日やこどもの日、いちご狩りなど、

この時期ならではのイベントをイメージした壁面かざりで、

初夏の訪れを喜びましょう。

5月 里の春

小川に水が流れ、稲が元気に育っています。今年もおいしいお米がとれますように。

技法: 切る、貼る、ちぎる、そめる

コツ
★ 毛糸や麻ひもの貼りつけは、テープのりを使うと汚れにくく便利
★ 稲も山も緑色なので、素材を変えてつくると素敵

準備品
- 台紙：白画用紙
- 空：絵の具、たんぽ
- 家：麻ひも、折り紙
- 稲：毛糸
- 山と木：折り紙、和紙、絵の具
- 水車：フェルト、毛糸
- 花と地面：和紙、絵の具
- 丸太：和紙
- 川：折り紙、カラーセロファン

つくり方

1. 台紙全体に下絵を写し、空はたんぽで、地面は絵筆でそめる。
   声かけ: お米をつくっていたことはありますか？

2. 【挑戦】家の屋根に麻ひもを貼り、壁や窓には折り紙を貼る。水車はフェルトに毛糸を切って貼る。

3. 【簡単】山は折り紙と和紙をちぎって貼る。木は絵筆でそめ、幹に和紙を貼る。

4. 【簡単】川は折り紙をちぎって貼り、ところどころにカラーセロファンを切って貼る。丸太は和紙を切って貼る。

5. 稲は毛糸を切って貼る。花（型紙）は和紙でつくり、中心を絵の具でそめる。
   声かけ: 稲をどのように並べましょうか？

下絵 型紙 ➡ 116ページ

5月 母の日

「お母さん、ありがとう」。子どもの純粋な気持ちがこもったカーネーションの花束です。

技法
- 折る / 切る / 貼る
- ちぎる / 削る / こねる
- 押す / そめる / ぬる

コツ
- ★ 背景やシルエットをシンプルにして、カーネーションを引き立たせる
- ★ お花紙が開きにくいときは、ぬらしたふきんを近くに置き、手先をしめらせる

準備品
背景：絵の具、たんぽ
人物シルエット：黒画用紙、折り紙
ラッピング：和紙、リボン
台紙：白画用紙
カーネーション：お花紙

つくり方

簡単 1 台紙全体を黄色とオレンジのたんぽでこするようにそめる。花束のラッピングは、和紙を切って貼る。

2 人物シルエット（型紙）を黒画用紙に写し、切って貼る。洋服部分には柄の折り紙を使うのがおすすめ。

> 声かけ
> 洋服の柄に合う折り紙を探しましょう

挑戦 3 お花紙を4分の1に切り、6枚重ねてじゃばら折りに。中央をホチキスでとめ、先端が刃がギザギザのピンキングばさみなどで切る（写真は普通のはさみを使用）。1枚ずつ開いてカーネーションをつくり、台紙に貼る。

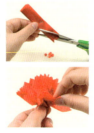

4 リボンを蝶々結びにしてから、台紙に貼る。

型紙 ➡ 116ページ

こいのぼり

春の風に吹かれて、のびのびと泳ぐこいのぼり。すこやかな子どもの成長を願います。

型紙 → 117ページ

技法: 折る、切る、貼る、ちぎる、削る、こねる、押す、そめる、ぬる

コツ: ★はさみを使うのが難しい人は、絵の具でそめる、和紙をちぎるなど、できることを見つけるのも楽しい

準備品:
- 空：絵の具
- かざぐるま：折り紙
- つばめ：フェルト
- 雲：わた
- こいのぼりとふきながし：画用紙（白・黒）、絵の具、たんぽ、折り紙、和紙、麻ひも
- 台紙：白画用紙
- 家：色画用紙

つくり方

簡単 1 台紙全体を絵筆でそめる。

挑戦 2 こいのぼり（型紙）を画用紙に写して切り、胴体をたんぽでそめる。折り紙や和紙でうろこ模様をつくって貼り、目玉をつける。

声かけ：好みの柄でこいのぼりをつくりましょう

3 ふきながし（型紙）に和紙をちぎって貼る。こいのぼりとともに麻ひもに貼りつけ（のりしろ使用）、台紙に貼る。

4 折り紙でかざぐるまを折り（折り方は113ページ）、台紙に貼る。

5 つばめと家（型紙）を切って貼り、雲はわたをちぎって貼る。

5月 いちご狩り

赤く愛らしい実を口いっぱいにほおばります。親子でいったい何粒食べたのでしょう？

型紙 ➡ 117ページ

技法
折る / 切る / 貼る / ちぎる / 削る / こねる / 押す / そめる / ぬる

コツ
★ いちごと葉はステンシルで色づけ。絵の具を溶く水は少なめに
★ シルエットの切り出しには、カッターがおすすめ

準備品
台紙：黒画用紙
花：白画用紙、色画用紙
人物シルエット：色画用紙
いちご、葉：ステンシルプレート、絵の具、和紙、黒画用紙、毛糸

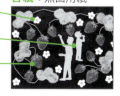

つくり方

挑戦 1 人物シルエット（型紙）を画用紙に写し、カッターで切って台紙に貼る。

簡単 2 いちごと葉（型紙）のステンシルプレートをつくり（14ページ参照）、ステンシルする。へたは和紙を切って貼り、つるには毛糸を貼る。葉の筋を絵の具や色鉛筆で描き、いちごのつぶつぶは黒画用紙を切って貼る。

声かけ いちごは何粒くらい食べられそうですか？

3 花（型紙）は、画用紙に写し、切り貼りする。

5月 新緑

型紙 ➡ 118ページ

こんな和風の丸窓から、新緑風景や五重の塔を眺めてみたいですね。

技法: 折る／切る／貼る／ちぎる／削る／こねる／押す／そめる／ぬる

コツ:
★ 和紙に折り目をつけて葉脈を表すと立体感が増す
★ 窓枠や塔に落ち着いた色を単色で使うことで、新緑の風景が引き立つ

準備品:
空：絵の具
山、木：折り紙
塔：フェルト
葉：和紙
台紙：白画用紙、和紙
窓枠：段ボール、絵の具

つくり方

1. 金の和紙に窓枠（型紙）の外側の線を写して切り取り、台紙の画用紙全体に両面テープで貼る。

簡単

2. 空は絵筆でそめ、山と木は鉛筆で目安の線を引いたあと、折り紙をちぎって貼る。

3. 塔（型紙）をフェルトに写し、切って貼る。

声かけ
五重の塔は見たことがありますか？

挑戦

4. 葉（型紙）を和紙に写して切り、内側に折り目をつける。付け根部分に木工用接着剤をつけ、1枚ずつ重ねて貼る。

半分に折り、じゃばら折りにして開く。

5. 窓枠（型紙）は段ボールをカッターで切り、絵の具で濃いめにそめて台紙に貼る。

6月

6月の花嫁　▶P.34

てるてる坊主　▶P.38

牡丹(ぼたん)　▶P.40

父の日　▶P.36

あじさい　▶P.39

6月といえば梅雨のイメージですが、

あじさいや牡丹などの美しい花々も咲きます。

6月のジューンブライドや父の日、てるてる坊主などの壁面かざりで

梅雨の時期も楽しみましょう。

6月 6月の花嫁

幸せになるといわれるジューンブライド。快晴の空が2人を祝福しています。

技法: 折る、切る、貼る、そめる

コツ
- ★ 青空に教会の白、シルエットやロゴの黒など、色づかいをシンプルにするとドレスのレースが映える
- ★ レースを重ねて貼るとき、先端部分は貼りつけずに動きをもたせる

準備品:
- 台紙：白画用紙
- ロゴと小鳥：黒画用紙
- 教会、シルエット、髪飾り：画用紙（白・黒）、色画用紙
- 植え込み：色画用紙
- 空：絵の具、たんぽ
- ドレス、ヴェール：白レース
- 花：お花紙

つくり方

簡単
1. 台紙に花嫁の型紙のドレス部分を写し、ドレス部分以外の背景はすべてたんぽでそめる。

2. 教会と植え込み、花婿と花嫁(上半身)のシルエット、髪飾りの型紙を画用紙に写し、切って貼る。

> 声かけ
> 新婚旅行に行かれましたか？

挑戦

3. レースをドレス部分の下から順番に貼り重ね、左右のはみ出た部分をはさみで切って整える。ヴェール部分も同様に。

> 声かけ
> レースは厚めに重ねていきましょう

4. ロゴと小鳥(型紙)を黒画用紙に写し、切って貼る。

5. お花紙を2分の1に切って7枚重ね、花をつくって貼る。

型紙 → 118〜119ページ

6月 父の日

今日はどのネクタイ？ 素敵なネクタイがたくさんあって、お父さんも悩んでしまいそう。

技法　折る / 切る / 貼る / ちぎる / 削る / こねる / 押す / そめる / ぬる

コツ
★ クローゼットの扉には立体感の出る素材を使う
★ ネクタイにマジックテープをつけることで、お父さんのネクタイを自由に取り替えられる

準備品
壁：絵の具
クローゼット：絵の具、カラー段ボール、油性ペン
台紙：白画用紙
ネクタイ：和紙、半紙、オーガンジー生地、絵の具、たんぽ、リボン、マジックテープ
お父さんと子ども：色画用紙、折り紙

つくり方

簡単 1　台紙にクローゼット（型紙）を写し、壁とクローゼット内部を絵筆でそめる。

2　クローゼットの扉と引き出し、ポール部分（型紙）をカラー段ボールに写して切り、油性ペンで細部を描き、両面テープで貼る。

3　お父さんと子ども（型紙）を画用紙や折り紙に写し、切って貼る。

挑戦 4　ネクタイ（型紙）は和紙や半紙、オーガンジー生地（写真のようにたんぽでそめる）、リボン等でつくる。ポール部分とネクタイ裏側、お父さんの首元にマジックテープを両面テープで貼る。

声かけ
クローゼットにどんなネクタイを入れましょうか？

マジックテープを貼る。

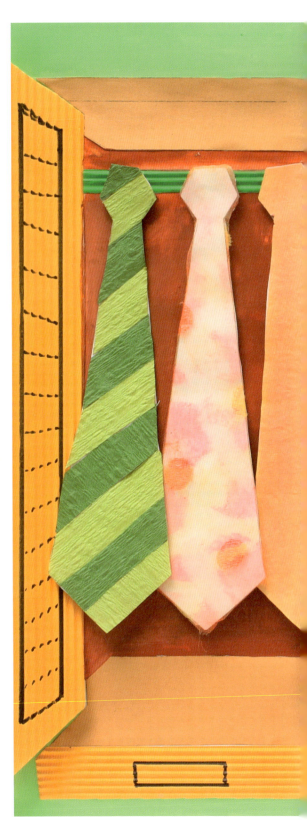

型紙 ➡ 119ページ

てるてる坊主

型紙 → 120ページ

梅雨空の軒下に、蛇の目傘とてるてる坊主がなかよく同居しています。

技法　折る　切る　貼る
　　　　ちぎる　削る　こねる
　　　　押す　そめる　ぬる

コツ
★ ケガを防ぐために竹串の切り口は紙やすりでなめらかにする
★ 傘の位置を決めてから雨粒をステンシルして、水たまりを描く

準備品
台紙：白画用紙
背景：絵の具
瓦：色画用紙、クレヨン
てるてる坊主：ガーゼ、わた、毛糸
雨粒、水たまり：ステンシルプレート、絵の具、たんぽ、ラメ入りペン
傘：和紙、竹串、紙やすり

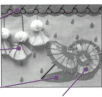

つくり方

簡単 1 台紙全体を絵筆でグレーにそめる。瓦（型紙）を色画用紙に写して切って貼り、クレヨンで線を描く。

2 雨粒（型紙）のステンシルプレートをつくる（14ページ参照）。傘の位置を決めてからステンシルする。光の部分はラメ入りペンで描き、水たまりは絵筆で描く。

挑戦 3 和紙に傘（型紙）を写して切り、竹串を貼る。その上に小さい円と先端（型紙）を貼る。ペンで黒くぬった竹串を傘の柄にして貼る。

4 わたをガーゼで包んで毛糸で結び、てるてる坊主にする。ペンで顔を描き、軒下につり下げる。

声かけ てるてる坊主に表情をつけてみましょう

6月 あじさい

下絵 ➡ 120ページ

色鮮やかなあじさいの下で、お地蔵さんがじっと梅雨空と私たちを見守っています。

技法
折る / **切る** / **貼る** / ちぎる / 削る / こねる / 押す / **そめる** / ぬる

コツ
★ あじさいの画用紙は縦幅に合わせて細長く切り、先端からランダムに切るとよい
★ お地蔵さんの中に半紙でくるんだわたを入れて立体感を出す

準備品

背景：絵の具、たんぽ
葉：色画用紙
あじさい：色画用紙
台紙：白画画用紙
お地蔵さん：和紙、色画用紙、わた、半紙

つくり方

1. 台紙にあじさいと葉の下絵を写し、背景をたんぽでそめる。

2. **簡単** 葉（下絵）を色画用紙に写して切って貼り、ペンで葉脈を描く。

    声かけ
   四角形の紙をたくさん重ねましょう

3. あじさいは、色画用紙を切って大小の四角形をたくさんつくり、色と大きさを見ながら台紙に1枚ずつ貼っていく。

4. **挑戦** お地蔵さんは半紙でわたをくるみ、形がくずれないようにテープでとめて顔と体の部分をつくる。さらに和紙でくるみ、前掛け部分に色画用紙を貼る。和紙を折ってつくった手を貼り、ペンで顔を描く。

6月 牡丹(ぼたん)

型紙 ➡ 121ページ

大輪のあでやかな牡丹と着物姿の女性の控えめなたたずまいが美しい作品です。

技法: 折る、切る、貼る、ちぎる、そめる

コツ:
- ★ 牡丹の花はお花紙を2枚ずつ開き、表側と裏側からしっかり色をそめる。絵の具の割合は、赤い花色は赤：青＝9：1、紫の花色は赤：青＝5：2がおすすめ
- ★ 黒画用紙の女性の輪郭を残し、切り絵風に仕上げる

準備品:
- 外枠：折り紙
- 牡丹：お花紙、絵の具、毛糸
- 葉：和紙
- 台紙：白画用紙、和紙
- 女性：画用紙(白・黒)、和紙、折り紙、フェルト

つくり方

簡単 1 台紙全体に和紙を貼り、外枠部分に折り紙をちぎって貼る。

挑戦 2 女性(型紙)の輪郭を黒画用紙に写して切り、白画用紙に貼る。黒い輪郭を残すように和紙をちぎって貼り、帯には柄の折り紙、襟には和紙を貼る。髪飾り(型紙)はフェルトでつくる。全体が完成したら台紙に貼る。

簡単 3 葉(型紙)は和紙に写して切り、台紙に貼る。

声かけ: お花紙は2枚ずつ開きましょう

4 牡丹はお花紙10～14枚をじゃばら折りにし、先端を丸く切って2枚ずつ開き、色をそめる。小さい花は4分の1程度の大きさのお花紙でつくる。中心に毛糸をほぐして貼る。

7月

ほたる ▶P.42

七夕 ▶P.46

あさがおと虹 ▶P.48

土用の丑 ▶P.44

海開き ▶P.47

梅雨が明けると、いよいよ本格的な夏のはじまり。

ほたるが飛ぶ光景や夏の青い海、咲き誇るあさがおなどを壁面かざりに。

七夕には、みんなで短冊に願い事を書いてかざりたいですね。

土用の丑の日に、うな重をかざるのもおすすめです。

7月 ほたる

やさしいほたるの光も、たくさん集まると、こんなに力強い光になります。

技法: 切る、貼る、そめる、こねる

コツ
- ★ 台紙全体をそめたらツユクサを貼り、最後にほたるとほたるの光をバランスよく置く
- ★ ほたるの光は、絵の具を水で溶かずに大きめのたんぽでそめると躍動感が出る

準備品
空：絵の具
ツユクサ、草：色画用紙、フェルト、毛糸、紙粘土、絵の具、輪ゴム
台紙：白画用紙
ほたる：折り紙
ほたるの光：絵の具、たんぽ

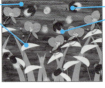

つくり方

1. 台紙全体を絵筆でそめる。

   声かけ ほたるは昔どこで飛んでいましたか?

2. 【挑戦】ツユクサと草（型紙）を写し、草と葉は色画用紙とフェルト、茎は毛糸、花はフェルト、おしべは毛糸と輪ゴム、紙粘土（まるめて絵の具で色をつける）でつくって貼る。

   声かけ ツユクサは、ほたるの形に似ていますね

3. 【簡単】ほたる（型紙）を折り紙に写し、切って貼る。

4. ほたるの光は大きめのたんぽ（500円玉くらいの大きさ）でそめる。

型紙 ➡ 121ページ

7月 土用の丑

暑い夏にはやっぱりうなぎで栄養をつけたいですね。おいしそうな「うな重」ができました。

技法: 切る、貼る、削る、そめる

コツ
- ★ うちわは色画用紙と竹串を貼り合わせてつくるとリアルになる
- ★ うなぎと箸置きは紙粘土でつくり、表面に木工用接着剤をぬってツヤを出す

準備品
- 台紙：白画用紙
- カエデの葉：和紙
- ごはん：白画用紙
- 重箱、お椀：色画用紙、折り紙
- お盆：和紙、黒画用紙
- うなぎ：紙粘土、絵の具、和紙
- うちわ：色画用紙、毛糸、竹串
- お椀の具：和紙
- 箸と箸置き：割り箸、紙やすり、紙粘土、絵の具

つくり方

1. 和紙にお盆（型紙）を写して切って貼り、外枠部分に黒画用紙を貼る。和紙でつくったカエデの葉（型紙）を貼り、ペンで枝を描く。

2. 重箱とお椀（型紙）に色画用紙と柄の折り紙を貼り、ごはんとお椀の具（型紙）を貼る。

挑戦 3. うちわ（型紙）を色画用紙に写して切る。文字と竹串を貼り、文字の一部に毛糸を貼る。

簡単 4. うなぎと箸置きを紙粘土でつくって乾かす。木工用接着剤でツヤを出し、絵の具でそめる。うなぎの上に山椒の葉（型紙）を和紙でつくって貼る。

5. 割り箸を紙やすりで削って形を整える。

💬 **声かけ** おいしそうなうなぎですね！

型紙 ➡ 122ページ

7月 七夕

さまざまな願い事が書かれた七夕飾りの短冊。天に願いが届きますように。

型紙 ➡ 123ページ

技法
折る / **切る** / **貼る** / ちぎる / 削る / こねる / 押す / **そめる** / **ぬる**

コツ
★ 背景の紺色は思い切って濃くそめる。厚めの画用紙がおすすめ
★ すべてのパーツを先に準備し、台紙の上に置いてバランスを確かめてから貼ると調整しやすい

準備品

- **空**：絵の具、たんぽ
- **笹竹、笹の葉**：和紙
- **飾り**：折り紙、色画用紙
- **台紙**：厚めの白画用紙
- **空の星**：ラメ入りペン、アクリル絵の具
- **短冊**：色画用紙、毛糸

つくり方

簡単
1. 台紙全体をたんぽでそめる。
   - 声かけ：濃紺の夜空になるようにそめましょう
2. 笹竹と笹の葉（型紙）を和紙に写して切る。
3. 飾りと短冊（型紙）を折り紙と色画用紙でつくる。短冊に願い事を書いて毛糸を貼る。

短冊に毛糸をつける。

挑戦

4. すべてのパーツを台紙の上に置き、バランスを見て貼る。
   - 声かけ：今年は何を願いますか？
5. 空にラメ入りペンやアクリル絵の具で星を描く。

海開き

いよいよ夏がきました。青い海、白い波、砂浜の貝殻たちも夏を待っていました。

下絵　型紙　➡ 123ページ

技法：折る／切る／貼る／ちぎる／削る／こねる／押す／そめる／ぬる

コツ：
★ パラソルや貝の影部分は、絵の具でそめた半紙を乾かして切る
★ 巻貝は竹串に毛糸を巻きつけてから、両端をニッパーで切る

準備品：
台紙：白画用紙
空、砂浜、雲：絵の具、たんぽ、半紙
ヨット、パラソル、かもめ：和紙、色画用紙、フェルト、割り箸、半紙、絵の具
帽子：和紙、麻ひも、リボン
海、波：折り紙、毛糸
ヒトデ：紙粘土、竹串
巻貝：竹串、毛糸
その他の貝：フェルト、毛糸、モール

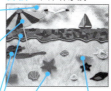

つくり方

1. 台紙に背景（下絵）を写し、空と砂浜をたんぽでそめる。雲は半紙をちぎり何枚も重ねて貼る。

 簡単
2. 海は折り紙をちぎって貼り、波打ち際に毛糸を貼る。

（声かけ：海の思い出を教えてください）

3. 型紙を写し、パラソルは割り箸とフェルト、影は半紙（絵の具でそめたもの）を貼る。ヨットは和紙と色画用紙、かもめはフェルトを貼る。

 挑戦
4. 帽子（型紙）の形に切った和紙にテープのりで麻ひもを貼り、リボンをつける。

5. ヒトデは紙粘土をこねて竹串で模様をつける。巻貝は竹串に毛糸を巻く。ほかの貝（型紙）もつくり、貝と同じ形に切った影と少しずらして貼る。

あさがおと虹

下絵　型紙　→ 124ページ

雨上がりの澄んだ空にかかる虹。あさがおも太陽と虹を眺めているようです。

技法

折る　切る　貼る
ちぎる　削る　こねる
押す　そめる　ぬる

コツ

★ あさがおの花や葉を細かくちぎるのが難しいときは、折り紙に型紙を写して切ってもよい
★ 毛糸を貼るときにテープのりを使うと貼り直しができて便利

準備品

台紙：白画用紙
空：絵の具、たんぽ
太陽と虹：毛糸
あさがお：折り紙、毛糸
雲：わた
葉とつる：色画用紙、毛糸

つくり方

簡単 1 台紙に下絵を写し、台紙全体をたんぽで空色にそめる。

2 あさがおの花の部分に折り紙をちぎって貼り、中央（型紙）に白い折り紙を切って貼る。うすピンクの花の外枠に毛糸を貼る。

3 葉の部分に色画用紙をちぎって貼り、葉の外枠とつるに毛糸を貼る。

> 声かけ
> 虹はいくつの色でできているように見えますか？

挑戦 4 太陽と虹は、台紙にテープのりをつけて、上から毛糸を貼る。雲はわたをちぎって、虹の終わりをぼかすように貼る。

8月

花火 ▶P.50

金魚すくい ▶P.52

真夏の居間 ▶P.54

セミとひまわり ▶P.55

とうろう流し ▶P.56

夏真っ盛りの8月には、花火大会や夏祭りなど
楽しいイベントがたくさんあります。
夜空に咲く大輪の打ち上げ花火や金魚すくい、すだれや風鈴のある居間など、
夏の風物詩を壁面かざりにして楽しみましょう。

8月 花火

夜空に広がる美しい花火が暑さを忘れさせてくれます。

技法: 切る、貼る、削る、ぬる

コツ
- ★黒クレヨンで台紙全体をぬるのは大変なので交替しながら作業し、汚れにも注意する
- ★ビルの窓は、すべてに灯りをつけないほうが花火鑑賞の雰囲気が出る

準備品
- 花火：ステンシルプレート、クレヨン、シャープペンシルや竹串
- 台紙：白画用紙
- 街と人物：色画用紙

つくり方

1. 街と人物（下絵）を色画用紙に写し、カッターで切る。ビルの窓の一部分に裏から黄色画用紙を貼る。

2. 台紙に花火（下絵）の外枠部分のみを写す。下絵をそのまま使い、花火模様を切り抜いて花火のステンシルプレートをつくる。すべて切り抜かなくても、ずらしながら作業できる（下の写真参照）。

簡単 3. 台紙の花火の周辺3センチ四方を目安に数色のクレヨンで色をぬる。

> **声かけ** 隙間をあけないように色を濃くぬりましょう

挑戦 4. 3の上から全体を黒クレヨンで濃くぬりつぶす。2を台紙にあて、竹串などで黒クレヨンを削る。

5. 1の街と人物を貼りつける。

下絵 ➡ 124ページ

8月 金魚すくい

夏祭りの夜、子どもたちは「あの魚にしようかな」と金魚すくいに夢中です。

技法
折る / 切る / 貼る
ちぎる / 削る / こねる
押す / そめる / ぬる

コツ
★ 金魚は、半紙に筆で絵の具をたらすようにして模様を描き、薄めの色で仕上げる
★ 水面の輪はペットボトルのふた（小）、紙コップ（中）をなぞる。その外側を割り箸と色鉛筆を輪ゴムでとめたもの（大）で描く

準備品
背景：黒画用紙、フェルト
水面：絵の具、たんぽ、ペットボトルのふた、紙コップ、割り箸、輪ゴム、色鉛筆、クレヨン
台紙：白画用紙
金魚：半紙、絵の具
ポイ：あく取りシート、毛糸
子ども：フェルト、色画用紙、和紙、折り紙

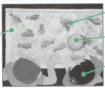

つくり方

1. 台紙に金魚の水槽部分の枠（型紙）を写す。

   声かけ 夏祭りの思い出を教えてください

2. 【簡単】水面をたんぽでそめる。ペットボトルのふた、紙コップ、コンパスのように輪ゴムでとめた割り箸と色鉛筆で輪を描き、その上をクレヨンでなぞる。

3. 【挑戦】半紙を絵の具で赤色にそめる。影も同様にそめ、乾いたら金魚（型紙）を写して切り、赤とグレーを少しずらして貼る。

4. 背景に黒画用紙（水槽部分は切り抜く）、水槽の縁にフェルトを貼る。ポイは、まるく切ったあく取りシートの縁に毛糸を貼る。

5. 子ども（型紙）の顔や腕はフェルト、髪と衣服は画用紙、和紙、折り紙を切って貼る。

型紙 ➡ 125ページ

真夏の居間

下絵　型紙　➡ 126ページ

都会を出て、真夏の田舎で束の間の休息。居間から眺める景色に心が洗われます。

技法：折る／切る／貼る／ちぎる／削る／こねる／押す／そめる／ぬる

コツ
- ★ 真夏の空や山の鮮やかな色合いを出す
- ★ 黒画用紙に型紙を写すときは、白の色鉛筆を使うと見やすい

準備品
空と山：絵の具
居間：黒画用紙、半紙、毛糸

台紙：白画用紙
雲：わた
すだれ：巻きす、絵の具

つくり方

簡単 1 台紙に下絵を写し、空と山を絵筆でそめる。

挑戦 2 居間のパーツ（型紙）を黒画用紙を切ってつくる。障子と縁側部分は、各パーツを半紙と貼り合わせる。風鈴の下の短冊は毛糸でつなぐ。

3 すだれは巻きすを絵の具で黒くそめる。台紙に居間のすべてのパーツを貼る。

4 雲は、わたを貼る。

声かけ：山にはどんな思い出がありますか？

声かけ：切る作業はたくさんあるので、休憩しながら行ないましょう

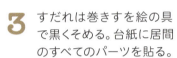

8月 セミとひまわり 〔下絵〕〔型紙〕 ➡ 127ページ

ミーン、ミーンと鳴くセミのそばでは、元気いっぱいにひまわりが咲いています。

技法: 折る／切る／貼る／ちぎる／削る／こねる／押す／そめる／ぬる

コツ
★ 山やひまわり畑に緑を多く使うので、素材や色味を変えてひまわりを引き立たせる
★ セミを粘土でつくると立体的になり、1匹でも存在感が増す

準備品
空：絵の具、たんぽ
山：クレヨン、折り紙
セミ：紙粘土、あく取りシート、スズランテープ、木調ビーズ
木の幹：フェルト、色画用紙
台紙：白画用紙
ひまわり畑の土：折り紙、和紙
ひまわり：フェルト、毛糸、和紙、カラー段ボール

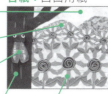

つくり方

簡単 1 台紙に幹（下絵）を写し、空をたんぽでそめる。右の山をクレヨンでぬる。左の山に柄の折り紙、ひまわり畑の土に折り紙や和紙をちぎって貼る。

2 ひまわり（型紙）の茎にカラー段ボール、葉に和紙、葉脈に毛糸を貼る。花はフェルトでつくり、中央に毛糸を巻いて貼る。

声かけ
花びらは2色を交互に貼りましょう

3 幹の形に切った色画用紙とフェルトを重ねて貼る。

挑戦 4 紙粘土でセミの顔と体をつくり、あく取りシートとスズランテープ（白・青2枚）の羽（型紙）を重ねて貼る。紙粘土とビーズでつくった目を顔に貼る。

セミの羽（型紙）はスズランテープに貼りつけて切るとよい。

55

とうろう流し

下絵 型紙 ➡ 128ページ

夏の夜、小川にとうろうが流れてきます。どのような願いがこめられているのでしょうか。

技法
折る / 切る / 貼る / ちぎる / 削る / こねる / 押す / そめる / ぬる

コツ
★ とうろうは半紙をそめてつくる。容器にベースの色を薄くつくり、アクセントとなる色を少し足して、軽く混ぜ、半紙をひたす

★ 川面に映る灯りの大きさが異なるので、下絵をくり抜いた簡易ステンシルプレートを使うと◎

準備品
柳：毛糸、和紙
とうろう：2分の1に折った半紙が入る大きさの容器、絵の具、半紙、ラメ入りペン
川面に映る灯り：ステンシルプレート、たんぽ、絵の具
台紙：黒画用紙
川：毛糸

つくり方

挑戦 1
台紙にとうろう（下絵）を写す（シャープペンシルの先で跡をつけて、白の色鉛筆でなぞる）。容器に水を入れて絵の具を溶かし、半紙を4分の1か、2分の1に折ってひたす。色が混ざりきらないように気をつける。乾いたら、下絵に合わせて切って台紙に貼り、とうろうの角や辺をラメ入りペンでぬる。

簡単 2
川面に映る灯りは、下絵の灯り部分をすべてくり抜き、1か所ずつ位置を確認しながらステンシルをする（14ページ参照）。

声かけ
真上からトントンとやさしく押します

3
川に毛糸を貼る。柳の枝は毛糸、葉（型紙）には和紙を切って貼る。

9月

たぬきのお月見 ▶P.58

金木犀（きんもくせい） ▶P.62

稲刈りと案山子（かかし） ▶P.64

ぶどう ▶P.60

虫の声 ▶P.63

夏の名残を感じさせながらも、

朝夕の涼しい風が秋の訪れを知らせてくれる9月。

十五夜のお月見や、たわわに実ったぶどう、金木犀や稲刈りなど、

秋らしい色合いの作品で壁面をかざりましょう。

9月 たぬきのお月見

中秋の名月をめでるのは人間だけではありません。たぬきも仲よく、お月見です。

技法	折る	切る	貼る
	ちぎる	削る	こねる
	押す	そめる	ぬる

コツ
- ★山の色は、ちぎった和紙をさらに絵の具でそめると深みが出る
- ★すすきは麻ひもと和紙でつくり、立体感を出す

準備品
台紙：黒画用紙
月：和紙
すすきの穂：麻ひも
すすきの茎：和紙、モール
団子：フェルト
雲：あく取りシート
山：和紙、絵の具
たぬき：色画用紙、クレヨン

つくり方

1. 黒画用紙に月と山の下絵を写す。
   声かけ 今年の中秋の名月は何日でしょう？

簡単 2. 月と山に和紙をちぎって貼る。山に貼った和紙を絵の具で部分的に深緑にそめる。

3. たぬき（型紙）は色画用紙を切って貼り、しっぽを黒くクレヨンでぬる。団子（型紙）はフェルトを切って貼る。
   声かけ 団子のほかに何かお供えする習慣はありますか？

挑戦 4. すすきの茎は黒いモールに和紙を巻いて台紙に貼る。すすきの穂は麻ひもを切って貼る。

黒いモールに和紙を巻く

5. 雲（型紙）はあく取りシートを切って貼る。

下絵 型紙 ➡ 129ページ

9月 ぶどう

巨峰やマスカットなど、おいしそうなぶどうがたくさん実りました。

技法：切る、貼る、押す、そめる

コツ
- ★ ぶどうは台紙とは別の色画用紙の上で1房ごとに作成し、台紙に貼る
- ★ スタンプの重ね押しを楽しみながら、ぶどうの色を少しずつ変える

準備品
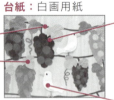
- 台紙：白画用紙
- 背景：絵の具
- ぶどうの茎：色画用紙
- 葉とつる：和紙、毛糸
- ぶどう：つぶスタンプ(丸と楕円の大中小3個)、絵の具、色画用紙(ぶどうの色に近い色)
- 小鳥：フェルト、毛糸、わた

つくり方

簡単 1 台紙全体を絵筆で水色にそめる。絵筆は縦方向にまっすぐ動かす。

挑戦 2 ぶどうの茎(型紙)を色画用紙に写して切り、台紙に貼る。

挑戦 3 ぶどうのつぶのスタンプをつくり(13ページ参照)、色画用紙にスタンプを押す。ぶどうの輪郭に沿って切り、台紙に貼る。

> **声かけ** ぶどうは少しずつ色を変えてスタンプしましょう

4 小鳥(型紙)をフェルトに写し、切って貼る。足は毛糸でつくり、羽はわたを貼る。

5 葉(型紙)は和紙を切って貼り、葉から毛糸のつるをくるくるとたらす。

型紙 ➡ 130ページ

9月 金木犀（きんもくせい）

型紙 → 130ページ

秋の空の下、金木犀が咲いています。よい香りに小鳥も思わず寄ってきました。

技法：切る、貼る、そめる

コツ
- ★ 金木犀は異なる素材を組み合わせるときれいに仕上がる
- ★ 背景や金木犀の色使いが秋らしさを出すポイント
- ★ 写真を参考に、位置を考えながら自由に貼っていく

準備品
- 背景：絵の具、たんぽ
- 鳥：フェルト
- 金木犀：和紙、フェルト
- 葉：色画用紙
- 台紙：白画用紙

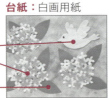

つくり方

簡単
1. 台紙全体をたんぽでオレンジ色にそめる。
2. 葉（型紙）を色画用紙に写して切り、バランスを見ながら位置を決めて貼る。

   声かけ：金木犀の香りは好きですか？

3. 和紙とフェルトを金木犀の花（型紙）の形に切ったものをたくさんつくる。位置を確かめながら、台紙に貼っていく。

   声かけ：貼る位置をいっしょに考えましょう

挑戦
4. 鳥の体と目（型紙）をフェルトに写し、切って貼る。

9月 虫の声

下絵 型紙 ➡ 131ページ

秋の気配を感じさせる夜、虫たちが集まってきて美しい音楽を聞かせてくれます。

技法
折る / 切る / 貼る / ちぎる / 削る / こねる / 押す / そめる / ぬる

コツ
★ 夜空を濃紺にそめることで、さまざまな素材を引き立たせる
★ 音符は毛糸を三つ編みに。細かい作業が多く難易度は高めでも、素材の手触りを楽しむ

準備品
- 空：絵の具、たんぽ
- 月：折り紙、モール
- 音符、ト音記号：毛糸
- 五線譜：シャープペンシル、ラメ入りペン
- 虫：色画用紙、カラークリアファイル、フェルト、モール
- 草：フェルト
- 台紙：白画用紙
- 鈴虫の羽：半紙、毛糸
- 花、茎、葉：和紙、毛糸、色画用紙

つくり方

簡単 1 台紙をたんぽで濃紺にそめ、よく乾かす。

挑戦 2 台紙に五線譜（下絵）をシャープペンシルでなぞって写し、線の跡をラメ入りペンでぬる。

3 それぞれ型紙を使い、月はまるく切った折り紙の周囲に、モールを貼る。草はフェルト、花は和紙、茎は毛糸、葉は色画用紙を切って貼る。

4 毛糸を三つ編みにして音符とト音記号をつくる。

挑戦 5 虫（型紙）を色画用紙とフェルト、カラークリアファイルでつくり、ペンで目を描く。鈴虫の羽は半紙と毛糸でつくる。触角と足にモールを貼る。

声かけ：何の虫でしょう？

鈴虫の羽は半紙に毛糸で模様をつくり、もう1枚の半紙を貼り合わせる。

9月 稲刈りと案山子（かかし）

下絵　型紙　➡ 132ページ

稲穂がたわわに実りました。案山子の出番も、もうすぐ終わりになりそうです。

技法
折る　切る　貼る
ちぎる　削る　こねる
押す　そめる　ぬる

コツ
★ 田をパッチワークのようにカラフルに。クレヨンと絵の具を重ねると独特の質感になる

★ 案山子の帽子と衣服の毛糸は一筆書きのように、折り返しながら貼るときれいに仕上がる

準備品
台紙：白画用紙
すずめ：フェルト、毛糸
田：クレヨン、絵の具
あぜ道：折り紙、クレヨン
稲穂：麻ひも、毛糸
稲の葉：フェルト
案山子：フェルト、毛糸、和紙、割り箸

つくり方

1. 台紙に下絵を写す。田をクレヨンで薄くぬり、さらに同系色の絵の具でそめる。

   声かけ クレヨンと絵の具を重ねてそめてみましょう

2. 【簡単】あぜ道に折り紙をちぎって貼り、クレヨンで線を描き入れる。

3. 【挑戦】案山子（型紙）の顔はフェルトと毛糸、帽子は和紙と毛糸、衣服は割り箸と毛糸、手はフェルトでつくり、割り箸を足にする。

4. 稲の葉（型紙）の形にフェルトを切り、稲穂は麻ひもと毛糸をほぐしたものを貼る。

5. すずめ（型紙）はフェルトでつくり、頬に毛糸を貼る。

10月

コスモスと柴犬　▶P.66

運動会　▶P.70

木の実を食べるリス　▶P.72

ハロウィン　▶P.68

夕焼け　▶P.71

さわやかな秋晴れが続く10月。ハロウィンや運動会など、

家族で楽しめるイベントもたくさんあります。

一面に咲く可憐なコスモスや、夕焼け空を飛ぶ赤とんぼ、森のリスなど、

本格的な秋の到来を感じさせる作品を紹介します。

10月 コスモスと柴犬

たくさんのコスモスに囲まれて犬も思わずにっこり。コスモスと犬の集合写真のようです。

技法 折る ~~切る~~ ~~貼る~~ ちぎる 削る こねる 押す そめる ~~ぬる~~

コツ
★ 背景は淡い色で仕上げ、花と犬を引き立たせる
★ コスモスの花の先端は、刃がギザギザのピンキングばさみを使うと、より簡単に切れる

準備品
台紙：白画用紙
背景：クレヨン
犬：フェルト、毛糸
コスモスの花：和紙、フェルト
コスモスの茎：毛糸

つくり方

1 台紙全体に下絵を写す。

声かけ 背景は薄くぬっていきましょう

簡単 2 背景をクレヨンで薄く水色にぬる。

挑戦 3 犬（型紙）を写して切ったフェルトを重ねて台紙に貼る。口、爪部分は毛糸を切って貼る。

4 コスモスの茎は毛糸をテープのりで貼る。コスモスの花びら（型紙）を和紙に写し、切って貼る。花の中央にまるく切ったフェルトを貼る。

声かけ 好みの色でコスモスをつくりましょう

下絵 型紙 ➡ 133ページ

67

 ハロウィン

10月31日の秋の収穫を祝い、悪霊を追い出すお祭り。最近は仮装を楽しむ人も多いです。

技法　折る／切る／貼る／ちぎる／削る／こねる／押す／そめる／ぬる

（有効：切る、貼る、ちぎる、そめる、ぬる）

コツ　★たんぽでそめる、ちぎった折り紙を貼るなど、制作の大部分がくり返しの作業。くり返し作業が得意な人に活躍してもらえる

準備品

台紙：白画用紙

- **おばけ**：あく取りシート、黒画用紙
- **コウモリ**：クレヨン
- **ロゴ**：フェルト、油性ペン
- **城、地面**：折り紙
- **空、道**：絵の具、たんぽ
- **かぼちゃ**：色画用紙、カラー段ボール、クレヨン

つくり方

1 台紙に下絵を写し、コウモリをクレヨンでぬる。

> 声かけ
> ハロウィンは何のお祭りでしょう？

簡単 2 たんぽで空と道をオレンジ色にそめる。城と地面に折り紙をちぎって貼る。

3 かぼちゃ（型紙）を色画用紙とカラー段ボールに写す。目や口をくり抜いた型紙を使ってクレヨンで顔を描き、切って台紙に貼る。

4 あく取りシートにおばけ（型紙）を写して切り、黒画用紙でつくった顔を貼る。

> 声かけ
> おばけの表情を自由につくってみましょう

挑戦 5 フェルトに油性ペンでロゴ（型紙）の輪郭を写し、輪郭の外側部分を切って貼る。

※淡い色のフェルトなら、型紙の上にのせても透けて見えます。

運動会

下絵 型紙 ➡ 135ページ

紅白対抗リレー、白組は逆転できるのでしょうか？ 各国の国旗がカラフルです。

技法	折る	切る	貼る
	ちぎる	削る	こねる
	押す	そめる	ぬる

コツ
- ★ 国旗は一筆書きのようになるべく毛糸をつなげて貼るときれいに仕上がり、頭の体操にもなる
- ★ 淡い色のフェルトに型紙を写すときは、型紙を裏返してフェルトの裏側に写すと切り取り線が表に出ない

準備品
- **空**：絵の具、たんぽ
- **国旗**：白画用紙、毛糸、フェルト
- **グラウンド**：絵の具、毛糸
- **台紙**：白画用紙
- **子ども、バトン**：フェルト、カラー段ボール
- **木**：フェルト

つくり方

1. 台紙にグラウンドの下絵を写す。

簡単
2. 空はたんぽでそめ、グラウンドは絵筆でそめる。コースの線は、毛糸を切って貼る。

3. 木と子ども（型紙）をフェルトに写し、切って貼る。バトンはカラー段ボールでつくる。

声かけ 子どもの頃、走るのは得意でしたか？

挑戦
4. 白画用紙に国旗（型紙）を写して切り、二つ折りにする。フェルトや毛糸をテープのりで貼って模様をつくったら、二つ折り部分を、ロープに見立てた黒い毛糸にくぐらせ、台紙に貼る。

声かけ どこの国の国旗でしょう？

10月 夕焼け

一面に赤くそまった夕焼け空を飛ぶ赤とんぼ。懐かしい歌が聞こえてきそうですね。

下絵 型紙 ➡ 136ページ

技法	折る	切る	貼る
	ちぎる	削る	こねる
	押す	そめる	ぬる

コツ
★ 太陽の橙色と夕焼けのピンクの色使いによって雰囲気が決まるので、雲も同じ色でそめる
★ 山は朱色のクレヨンをぬった上から黒でぬりつぶし、削り出しですすきを表現する

準備品
- 台紙：白画用紙
- 空、太陽、雲：絵の具、たんぽ、あく取りシート
- 山：クレヨン
- とんぼ：フェルト
- すすき：竹串、すすきのステンシルプレート（プレートはなくてもよい）
- 家：色画用紙、フェルト、毛糸

つくり方

簡単 1 台紙に山と家の下絵を写し、太陽と空をたんぽでそめる。

> 声かけ
> 雲は2～3枚重ねましょう

2 あく取りシートを雲の形に切り、2～3枚を重ねて貼ったら、太陽と空の色でそめる。

3 山全体を朱色のクレヨンで濃くぬり、さらに上から黒いクレヨンでぬりつぶす。

> 声かけ
> 同じ方向に濃くぬりつぶします

4 家（型紙）は色画用紙とフェルトと毛糸、とんぼ（型紙）はフェルトを切って貼る。

挑戦 5 竹串で直接、すすきの形に黒クレヨンを削る。型紙からすすきのプレートをつくって削ってもよい。

10月 木の実を食べるリス 型紙 ➡ 137ページ

森の中でリスが食べているのは、くるみやヒマワリの種。おいしそうに食べています。

技法：折る / 切る / 貼る / ちぎる / 削る / こねる / 押す / そめる / ぬる

コツ：
★ リスを切り取るときに、細かな部分はカッターを使うと便利
★ 切株の年輪部分やくるみには、太さの違う毛糸をうまく使う

準備品：
背景：絵の具、たんぽ
リス：色画用紙、フェルト、麻ひも、毛糸、絵の具
木の実：フェルト、毛糸
切株：和紙、毛糸
台紙：白画用紙
落ち葉：和紙

つくり方

1. 台紙全体を絵筆でベージュにそめる。切株（型紙）を台紙に写し、和紙をちぎって貼る。

簡単

2. 背景の森部分（台紙の上半分）を、たんぽで薄く緑色にそめる。

挑戦

3. リスと木の実（型紙）を色画用紙やフェルトに写して切る。目は黒画用紙と絵の具、耳と鼻は色画用紙、ほおはフェルトでつくり、手足に麻ひも、縞模様と木の実に毛糸を貼る。

> 声かけ
> リスの型紙は画用紙の裏面に写して切ります

4. 落ち葉（型紙）は和紙に鉛筆で輪郭と葉脈を写し取り、切って貼る。

5. 切株の年輪に毛糸を貼る。

> 声かけ
> 毛糸や麻ひもには、竹串の先端で木工用接着剤をつけます

11月

紅葉 ▶P.74

秋の味覚 ▶P.78

菊 ▶P.80

七五三 ▶P.76

たき火と焼き芋 ▶P.79

山では木々が鮮やかに色づき、紅葉の美しい季節を迎えます。

子どもの晴れ着姿がかわいらしい七五三や、立体的につくった秋の味覚、

ほくほくとおいしそうな焼き芋など、

秋の深まりを堪能しながら壁面かざりを楽しみましょう。

11月 紅葉

鮮やかに紅葉した山と、川岸にたたずむ鹿。
日本人にはおなじみのモチーフですね。

技法: 折る / 切る / 貼る / ちぎる / 削る / こねる / 押す / そめる / ぬる

コツ
★ 川を表すスズランテープは、表側は貼りつけずに台紙の裏側でとめると動きが出る
★ もみじのスタンプは向きを変えて押すと、葉が舞いながら落ちたように見える

準備品

- 空：絵の具、たんぽ
- 芝生：和紙
- 川：スズランテープ
- もみじ：もみじのスタンプ、絵の具
- 台紙：白画用紙
- 山：和紙
- 鹿：フェルト

つくり方

1. 台紙に下絵の山の稜線を写す。

2. 空をたんぽでそめ、山に和紙をちぎって貼る。芝生には和紙を両面テープで全体に貼る。

　声かけ スタンプは練習してコツをつかみましょう

3. もみじのスタンプをつくり（13ページ参照）、絵の具をつけて押す。

4. 川を表すスズランテープ（白と青）を台紙の左右の裏側でとめ、テープを手で裂く。
　声かけ テープを裂いて川をつくりましょう

台紙の裏側までスズランテープをのばして貼る。

5. 鹿（型紙）はフェルトに写してから切って貼る。

11月 七五三

きれいな着物を着て、千歳飴をもち太鼓橋を渡る女の子。七五三のほほえましい光景です。

技法: 折る / 切る / 貼る / ちぎる / 削る / こねる / 押す / そめる / ぬる

コツ
- ★ 切る作業が中心。単純な作業でも、いろいろな素材の手触りや色の違いを楽しめる
- ★ 橋と帯の輪郭にラメ入りペンを使用すると、作品がより豪華に見える

準備品

台紙：白画用紙、和紙
女の子：黒画用紙、千代紙、フェルト、折り紙、ラメ入りペン
千歳飴：折り紙、フェルト、モール
橋：色画用紙、折り紙、麻ひも、ラメ入りペン
木：フェルト
石畳：和紙

つくり方

簡単

1. 台紙全体に和紙を貼り、裏側でとめる。下絵を写し、木（型紙）の形にフェルトを切って貼る。石畳に和紙をちぎって貼る。

2. 橋の手すりに色画用紙をちぎって貼り、折り紙を擬宝珠（ぎぼし）（下絵）の形に切って貼る。階段部分に色画用紙と麻ひもを貼る。

3. 女の子（壁紙）の顔と手は黒画用紙、着物と帯は千代紙やフェルト、髪飾りは3種類の折り紙を重ねて貼る。橋と帯の輪郭にラメ入りペンをぬる。

声かけ
着物や髪飾りはどんな模様にしましょう？

挑戦

4. 千歳飴（型紙）に折り紙（富士山の後光部分）、フェルト、モールを貼ってペンで文字を書き、台紙に貼る。

下絵 型紙 ➡ 139ページ

11月 秋の味覚

下絵 型紙 ➡ 140ページ

サンマ、マツタケ、カボチャ、りんご、柿に栗。今年も秋の恵みに感謝しましょう。

技法
折る / **切る** / **貼る** / ちぎる / 削る / **こねる** / 押す / **そめる** / ぬる

コツ
★立体的な食材は、中に新聞紙やわた、紙粘土などを入れて形をしっかりつくる

★人物の輪郭に黒画用紙を使うと、背景と色合いにメリハリが出る

準備品
背景：絵の具
人物：色画用紙、和紙
テーブル、イス：フェルト、色画用紙
栗ごはん：色画用紙、フェルト、和紙
台紙：白画用紙
皿とザル：和紙、色画用紙
食材：新聞紙、半紙、絵の具、色画用紙、折り紙、紙粘土、わた

つくり方

簡単 1 背景は、台紙全体を絵筆でベージュにそめ、テーブルはフェルト、イスは色画用紙を切って貼る。

挑戦 2 人物の輪郭となる黒画用紙の上に、色画用紙の髪と顔（口元部分は切り抜く）、和紙の衣服を貼り、鼻としわは黒画用紙でつくる。

3 型紙を使って、栗ごはんの茶碗は色画用紙、ごはんはフェルト、栗は和紙でつくり、台紙に順番に貼る。皿は和紙、ザルは色画用紙を貼り、ザルにペンで網目模様を描く。

声かけ
秋の味覚は何が好きですか？

挑戦 4 **カボチャ、マツタケ**：色画用紙でつくる。**りんご、柿、栗**：新聞紙をまるめ、それぞれの色にそめた半紙でくるむ。ヘタを色画用紙や折り紙でつけ、栗の模様はペンで描く。**サンマ**：紙粘土で形をつくり色画用紙でくるむ。目玉は色画用紙を貼り、焦げ目は絵の具をぬる。**カボス**：色画用紙でつくり、大根おろしはわたを貼る。

サンマの裏側

11月 たき火と焼き芋 　下絵　型紙　➡ 141ページ

落ち葉を集めて、たき火でつくる焼き芋は格別ですね。おいしそうに焼けました。

技法
折る　切る　貼る
ちぎる　削る　こねる
押す　そめる　ぬる

コツ
★ たき火の煙、焼き芋、ほうきを立体的にすることで迫力がでる
★ 焼き芋は台紙に合わせて自由な大きさでつくる。粘土で芋の形をつくってから、半分に切ったり、割り箸に刺したりするのがポイント

準備品
背景：絵の具、たんぽ
木、山：折り紙、色画用紙、毛糸
たき火：色画用紙、クレヨン、わた、絵の具
イチョウの葉：色画用紙
芋をのせる紙：色画用紙、クレヨン
芋：紙粘土、絵の具、半紙、割り箸、わた
ほうき：竹串、麻ひも

台紙：白画用紙

つくり方

1. 台紙に下絵を写し、背景を空は水色、山は緑、地面は茶、木は黄色にたんぽで薄くそめる。

簡単 2. 木と山に四角に切った折り紙や色画用紙（ちぎってもよい）、木の幹にちぎった折り紙を貼り、山の稜線には毛糸を貼る。

3. 型紙を使って、イチョウの葉と芋をのせる紙、たき火を色画用紙でつくる。芋をのせる紙はクレヨンで枠を描く。たき火の炎は上から下へ順に重ねて貼り、煙はわたを貼って絵の具でグレーにそめる。

挑戦 4. 芋を紙粘土でつくる。たき火のそばの芋は固まる前に割り箸をつけ、絵の具でそめた半紙でくるむ。手前の芋は、1本丸ごとの芋をつくってから半分に切り、絵の具でそめた半紙でくるみ、切り口を絵の具でそめる。湯気はわたを貼る。

5. 竹串に麻ひもを巻いてほうきをつくり、台紙に貼る。

月 菊

秋を代表する日本の花といえば菊。大輪の菊が、深まる秋を感じさせます。

技法
折る　切る　貼る
ちぎる　削る　こねる
押す　そめる　ぬる

コツ
★ 菊の花びらのステンシルプレートは少しずつ回転させて使う
★ 男性シルエットの帯は、ポピュラーな「貝ノ口」という結び方にして貼る

準備品
背景：絵の具
菊：ステンシルプレート（大中小の3種類）、たんぽ、絵の具、折り紙、ラメ入りペン
台紙：白画用紙
男性シルエット：黒画用紙、和紙

つくり方

簡単 1 台紙全体を絵筆で水色にそめる。

2 4枚の花びら（型紙）のステンシルプレートをつくり（14ページ参照）、プレートを回転させながらステンシルする。菊の中心に折り紙をちぎって貼り、花びらをラメ入りペンでふちどる。

声かけ
絵の具が乾くまで気長に待ちましょう

花の中心に合わせてプレートを回転させる。

挑戦 3 男性シルエット（型紙）を黒画用紙に写して切る。和紙を「貝ノ口」の帯結びのように折り（折り方は113ページ）、シルエットとともに台紙に貼る。

12月

クリスマス ▶P.82

ほっこり雪だるま ▶P.84

除夜の鐘 ▶P.86

椿 ▶P.87

雪の結晶 ▶P.88

いよいよ一年最後の月となる12月。

カラフルなクリスマスツリーや温泉につかって温まる雪だるま、

大晦日の除夜の鐘、寒さの中で美しく咲く椿、窓の外で降りしきる雪と、

冬ならではの光景を作品にしましょう。

# クリスマス

雪の舞う聖夜。カラフルなクリスマスツリーが美しく輝いています。

技法: 折る／切る／貼る／ちぎる／削る／こねる／押す／そめる／ぬる

コツ
- ★ 文字とツリーを好みの色のクレヨンでぬるとき、濃くぬると模様がきれいに出る
- ★ 黒いクレヨンを削るとき、ステンシルプレートを文字用とツリー用に2枚用意すると作業しやすい

準備品

- 台紙：白画用紙
- 文字、ツリー：クレヨン、ステンシルプレート（文字用・ツリー用）、割り箸、毛糸
- 雪：あく取りシート
- オーナメント、ヒイラギ：フェルト

つくり方

1. 台紙に文字とクリスマスツリーの下絵を写す。

簡単
2. 文字とツリーの周辺3センチ四方を好みの色のクレヨンで濃くぬる。

　声かけ　好きな色をぬりましょう。はみだしても大丈夫です

挑戦
3. 台紙全体を黒のクレヨンで濃くぬりつぶす。

4. ステンシルプレートをつくる。1枚は文字部分のみ、もう1枚はツリー部分のみを切り抜く（下絵を2枚コピーして、そのまま切り抜いてもよい）。それぞれを台紙にのせ、割り箸で黒クレヨンを削り、文字の上部に毛糸を貼る。

5. オーナメントとヒイラギ（型紙）をフェルトでつくって貼る。雪は、まるく切ったあく取りシートを貼る。

下絵 型紙 ➡ 142ページ

月 ほっこり雪だるま

えっ、雪だるまが温泉に？ こんなに雪が降る日は、誰もがみんな"ほっこり"したいんです。

技法 折る／切る／貼る／ちぎる／削る／こねる／押す／そめる／ぬる

コツ
★ 和紙をちぎって貼り、雪が積もった様子を表す。雪だるまも白いので、積もった雪には薄いピンクの和紙を使うなどがおすすめ
★ 雪だるまに毛糸を貼るときは、外側からくるくると中心に向かって貼りつける

準備品

台紙：色画用紙
雪：鉛筆、絵の具
温泉：折り紙、クレヨン
桶、タオル、湯気：フェルト
雪だるま：白画用紙、毛糸、フェルト、クルミボタン
積もった雪：和紙

つくり方

1. 台紙に積もった雪と温泉の下絵を写す。
   声かけ 雪見の温泉は好きですか？

簡単 2. 積もった雪の部分に2〜3種類の和紙をちぎって貼る。温泉の枠石に折り紙をもんでから切って貼り、お湯はクレヨンでぬる。
   声かけ お湯の色は何色にしましょうか

挑戦 3. 雪だるま（型紙）の形に白画用紙を切り、毛糸を外側から中心に向かってテープのりで貼る。タオル、目鼻、木の枝の腕（型紙）をフェルトでつくり、2つの雪だるまの目にボタンを貼る。

挑戦 4. 桶とタオル、湯気（型紙）はフェルトを切って貼る。

5. 鉛筆の頭に絵の具をつけ、雪のスタンプを押す。

下絵 型紙 ⇒ 143ページ

12月 除夜の鐘

大晦日に除夜の鐘が鳴り響きます。鐘をつく音が聞こえてきそうです。

下絵　型紙　➡ 144〜145ページ

技法
折る／切る／貼る／ちぎる／削る／こねる／押す／そめる／ぬる

コツ
- ★ 釣鐘、撞木（鐘をつく棒）、屋根は紙粘土や段ボールを使い立体的に表現する
- ★ 撞木は上部の黒ひも部分だけで固定すると、鐘をつく動作をして遊べる

準備品
- 屋根：色画用紙、段ボール、フェルト、折り紙、スポンジ
- 釣鐘、撞木：紙粘土、麻ひも、毛糸
- 落ち葉：色画用紙
- 台紙：白画用紙、和紙
- 柱、階段：フェルト
- 土台：折り紙
- 林、人物シルエット：黒画用紙

つくり方

1. 台紙全体に和紙を貼る。林と人物シルエット（型紙）を黒画用紙に写して切り、林を台紙に貼る。

2. **簡単** 台紙に土台の下絵を写し、折り紙をちぎって貼る。

3. 階段にフェルトを少しずつ重ねて貼り、屋根部分に色画用紙、柱にフェルトを貼る。右の柱は少し長めにし、撞木を通す部分は貼りつけないでおく。

声かけ　鐘をついたことはありますか？

4. **挑戦** 紙粘土で釣鐘と撞木をつくる。釣鐘に麻ひもを貼り、撞木には毛糸を巻く。

5. 屋根部分にスポンジを貼って高さをもたせ、段ボールをフェルトと折り紙で包んだ屋根をのせる（屋根のつくり方は145ページ）。人物シルエットと色画用紙の落ち葉（葉脈は鉛筆で描く）を貼る。

12月 椿

寒さにも負けない強さをもつ椿。ししおどしの先の手水鉢（ちょうずばち）にも花が浮かんでいます。

型紙 ➡ 145ページ

技法: 折る／切る／貼る／ちぎる／削る／こねる／押す／そめる／ぬる

コツ:
★ 椿の花と葉はフェルトを重ねて仕上げると存在感が出る
★ ししおどしを流れる水は半紙とお花紙でつくり、流れを表すために先端は貼りつけない

準備品:
椿：フェルト、ラメ入りペン
ししおどし：和紙、半紙、お花紙
台紙：白画用紙
手水鉢：クレヨン、絵の具

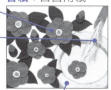

つくり方

簡単 1 台紙に手水鉢の型紙を写し、クレヨンでぬる。手水鉢の中の水は絵筆でそめる。

2 ししおどし（型紙）は和紙を切って貼る。流れる水は半紙とお花紙に折り目をつけ、手で細長く裂いて（ちぎって）、ししおどしの先端に貼る。最後に、そそぎ口に和紙を貼る。

挑戦 3 椿（型紙）をフェルトでつくる（椿1つにつき花びらは5枚、葉は3～4枚）。花びらをバランスよく並べて、つぼみとともに葉の上に貼る。椿の中心に白いフェルトを貼ってラメ入りペンでぬる。

声かけ: 椿は裏返してきれいな面を表にしましょう

雪の結晶

下絵　型紙　➡ 146ページ

暖かい部屋の外は雪。たくさんの雪が空から舞い降りてきて、窓枠に積もりはじめました。

技法　折る／切る／貼る／ちぎる／削る／こねる／押す／そめる／ぬる

コツ
★ ステンシルやスタンプを行なうときは、何回か練習する
★ 窓枠の毛糸はゆがまないように、引っ張りながら貼るときれいに仕上がる

準備品
雪の結晶：ステンシルプレート、絵の具、たんぽ
窓枠：毛糸
雪：鉛筆、絵の具、わた
台紙：黒画用紙

つくり方

挑戦 1 黒画用紙に窓枠の下絵を写し、型紙を使って雪の結晶のステンシルプレートをつくる（14ページ参照）。

2 雪の結晶のプレートを使い、たんぽでそめる。絵の具は銀色と白の割合を9：1にし、水で薄めすぎないようにする。

声かけ：何回か別の紙で練習しましょう

3 窓枠に毛糸をテープのりで貼る。毛糸は貼りながら切るとよい。

簡単 4 鉛筆の頭に絵の具をつけ、雪のスタンプを押す。窓枠にわたの雪を貼る。

声かけ：たくさん雪を降らせましょう

1月

獅子舞と凧揚げ ▶P.90

ご来光 ▶P.94

千両といちご大福 ▶P.96

こたつで丸くなるネコ ▶P.92

おせちと鏡餅 ▶P.95

お正月を迎えて、気持ちも新たに一年がスタートする1月。

にぎやかな獅子舞や凧揚げ、縁起のよいご来光、

鯛入りの豪華なおせち料理など、

お正月らしい雰囲気の壁面かざりを紹介します。

1月 獅子舞と凧揚げ

にぎやかなお囃子に合わせて獅子が踊る縁起のよい獅子舞。連凧も高々とあがっています。

技法　折る／**切る**／**貼る**／ちぎる／削る／**こねる**／押す／**そめる**／**ぬる**

コツ
- ★ 獅子は紙粘土、フェルト、毛糸など立体感の出る素材を使うと迫力が増す
- ★ 獅子の歯は、紙粘土を金色の折り紙でくるんでつくる

準備品
- **台紙**：白画用紙
- **背景**：絵の具、たんぽ
- **連凧**：和紙、麻ひも
- **人物シルエット**：黒画用紙
- **獅子の顔**：紙粘土、折り紙、毛糸、白画用紙、フェルト
- **獅子の体**：フェルト、渦巻模様のステンシルプレート、クレヨン
- **獅子の足**：フェルト、毛糸、麻ひも

つくり方

簡単

1 台紙全体を黄色とオレンジのたんぽでそめる。

2 連凧（型紙）を和紙に写して切り、順番に並べて台紙に貼る。麻ひもを切って貼る。

3 人物シルエット（型紙）を黒画用紙に写し、切って貼る。

挑戦

4 獅子の顔と鼻、歯を紙粘土でつくり、歯を折り紙でくるむ。眉と目（型紙）、鼻の穴はフェルト、髪の毛（型紙）は白画用紙に写して切り、その上にほぐした毛糸を貼る。

声かけ　獅子舞の歯は四角にしていきましょう

5 獅子の体（型紙）をフェルトに写して切り、顔のパーツを貼る。渦巻模様はステンシルプレート（14ページ参照）を使ってクレヨンでぬる。フェルトでつくった獅子の足に毛糸と麻ひもを貼る。

型紙 ➡ 146〜147ページ

 # こたつで丸くなるネコ

3匹のネコは新年をむかえてもマイペース。冬はこたつが寝床です。

技法: 折る / 切る / 貼る / ちぎる / 削る / こねる / 押す / そめる / ぬる

コツ: ★ネコの体の模様や目、ひげなどをつくるのは細かい作業になる。ネコ以外はそれほど細かい作業ではないので、作業を上手に分担するのがおすすめ

準備品:
- 台紙：白画用紙
- 壁、床、窓の外：絵の具
- 窓、雪：クレヨン、和紙、ラッピングペーパー、レース、モール
- カレンダー：半紙、糸
- こたつ：フェルト、割り箸2膳、和紙
- ネコ：フェルト、ワイヤー、糸

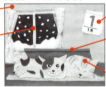

つくり方

1. 台紙に下絵を写し、壁と床、窓の外を絵筆でそめる。

2. 窓枠をクレヨンでぬり、雪はちぎった和紙を貼る。カーテンはラッピングペーパーとレースを貼り合わせ、じゃばら折りにして窓枠に貼り、モールでとめる。

簡単 3. こたつ布団はフェルトを貼る。テーブルは割り箸2膳をつなげてテーブルの下絵の長さに合わせて切り、和紙でくるんで台紙に貼る。

> 声かけ
> ネコを飼っていたことはありますか？

挑戦 4. ネコ（型紙）をフェルトに写して切り、貼り合わせる。細いワイヤーを口元に刺し、台紙の裏側に貫通させてテープでとめ、形を整えてひげをつくる。口や足先は黒糸で縫う。

5. 半紙をカレンダー（型紙）の大きさに5枚程度切り、1枚に月日を描く。上中央に糸を通して結ぶ。台紙に貼り、下をずらす。

下絵 型紙 ➡ 148ページ

1月 ご来光

雲海を見下ろす雄大な富士山。太陽、梅に松とおめでたいモチーフを散りばめました。

下絵　型紙　➡ 149ページ

技法
折る　切る　貼る
ちぎる　削る　こねる
押す　そめる　ぬる

コツ
★ 太陽は紙粘土を一度まるめてから、せんべい状につぶす
★ わたの雲は、最後にふんわりと貼りつける

準備品
空：和紙
太陽：紙粘土
雲：わた
富士山：色画用紙、フェルト
松：色画用紙、毛糸
雲海：色画用紙
台紙：白画用紙
梅：折り紙、和紙、ラメ入りペン

つくり方

1. 台紙に富士山の下絵を写し、空の部分に和紙を貼る。

   声かけ 高い山から日の出を見たことはありますか？

2. 富士山に色画用紙をちぎって貼り、雪部分にはフェルトを貼る。

   声かけ 色画用紙が硬いようなら、少しもみましょう

3. （簡単）赤と黄色の紙粘土をよく混ぜてオレンジ色の太陽をつくる。まるめてから全体を手のひらでつぶして台紙に貼る。

4. 銀の色画用紙を雲海の形に切って台紙に貼る。松（型紙）を色画用紙に写し、毛糸を貼って切る。梅（型紙）は折り紙や和紙を切って黒ペンとラメ入りペンでおしべを描き、雲海や背景の上に貼る。

5. 太陽や富士山にかかる雲は、わたをちぎって貼る。

1月 おせちと鏡餅

`下絵` `型紙` ➡ 150ページ

大きな鯛入りの豪華なおせちと鏡餅で、新年を心から祝いましょう。

技法

折る / **切る** / **貼る** / ちぎる / 削る / **こねる** / 押す / **そめる** / ぬる

コツ

★ 大小さまざまなパーツを使うので大勢での共同制作におすすめ

★ いろいろな柄の折り紙を上手に組み合わせると豪華に見える

準備品

台紙：白画用紙

布：絵の具
小魚、いくら、しいたけ：折り紙
さやえんどう、かまぼこ、数の子、昆布巻：フェルト
鯛：紙粘土、折り紙
黒豆：半紙、絵の具、折り紙
重箱：折り紙、黒画用紙
箸：割り箸、折り紙

橙：フェルト
餅：あく取りシート
御幣（紅白の飾り）：折り紙
裏白（葉）：毛糸
三宝（鏡餅の台座）：折り紙

つくり方

1 台紙におせちの下に敷いた布の下絵を写し、絵筆でそめる。

簡単 2 重箱の前面と三宝に折り紙を貼り、重箱の内部には黒画用紙を貼る。三宝にペンで枠線を描く。

挑戦 3 **鯛**：紙粘土をこね、折り紙のひれや目玉を貼る。
おせち：黒豆は黒くそめた半紙をちぎってまるめる。ほかのおせちは折り紙やフェルトでつくる。**鏡餅**：餅はあく取りシート、橙はフェルト、御幣は折り紙でつくる。

> **声かけ**
> 指全体を動かして粘土をこねましょう

4 重箱の中心に金の折り紙を貼り、その上におせちを並べる。黒豆の上に金の折り紙を小さく切って貼り、三宝の上に裏白(毛糸)、餅、御幣、橙を貼る。

5 折り紙で箸袋をつくり、文字と水引を描いて割り箸を差し込む。

1月 千両といちご大福

型紙 → 151ページ

小さな赤い実をたくさんつけた千両。いちご大福を食べながら観賞したいですね。

技法
折る / **切る** / **貼る** / ちぎる / 削る / **こねる** / 押す / そめる / ぬる

コツ
★ 千両の実は紙粘土を両手でまるめたり、テーブルの上で転がしたりして小さくまるめる

★ 飾ったときに千両の実が取れないように、木工用接着剤でしっかり貼る

準備品

- **湯飲み、茶托**：和紙、色画用紙
- **お盆、いちご大福、楊枝**：黒画用紙、和紙、フェルト、割り箸、紙やすり
- **布**：和紙
- **台紙**：白画用紙
- **千両の葉**：和紙
- **千両**：紙粘土、爪楊枝

つくり方

簡単 1 いちご大福の下の布部分（型紙）に和紙を貼る。

挑戦 2 **湯飲み、茶托、お盆**：型紙を写してから色画用紙や和紙を切って貼り、ペンで線を描く。
いちご大福：型紙を写してフェルトを切り、重ねて貼る。**楊枝**：割り箸を切って紙やすりで形を整え、和紙でくるむ。

声かけ　いちご大福は好きですか？

3 千両の葉（型紙）を和紙に写して切って貼る。

4 赤と黒の紙粘土を混ぜて千両の実の色をつくる。小さくまるめ、ひとつひとつに爪楊枝で木工用接着剤をつけて台紙に貼る。

声かけ　千両の実の大きさはどのくらいにしましょうか？

2月

節分 ▶P.98

バレンタイン ▶P.102

梅とメジロ ▶P.104

かまくらで熱燗 ▶P.100

雪うさぎ ▶P.103

まだまだ寒さの厳しい時期ですが、冬から春へと季節が移る2月。

障子に鬼の顔が並んだ節分の壁面かざりや、

ハート形のバレンタインの花束、

いっぱいに花をつけた梅の木などで、一足早い春を感じましょう。

2月 節分

障子にたくさんの鬼の顔！ さあ、どの鬼に向かって豆を投げましょうか。

技法	折る	切る	貼る
	ちぎる	削る	こねる
	押す	そめる	ぬる

コツ
- ★障子は半紙を手でもみ、しわで質感を出す
- ★鬼の顔は細かいパーツの組み合わせなので、見えにくいようなら障子の枠を大きくする、パーツを濃い色でつくるなど工夫する

準備品

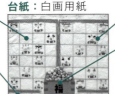

- 台紙：白画用紙
- 障子：半紙2枚、竹ひご（竹串）、紙やすり、毛糸
- 障子の周囲：和紙
- 鬼：色画用紙、和紙
- 枡と豆：色画用紙、折り紙、和紙、半紙、絵の具

つくり方

簡単 1 障子は半紙2枚を手でよくもんでしわを出し、台紙の中央に寄せて貼る。障子の周囲に模様つきの和紙をちぎって貼る。

2 豆を入れる枡（型紙）は色画用紙と折り紙を切って貼り、ペンで「福」の文字を書く。和紙やそめた半紙を小さく切ってまるめ、豆をつくる。

豆は紙を小さくまるめてつくる。

挑戦 3 竹ひご（竹串）をニッパーで切り、半紙の障子の「桟」に見立てて貼っていく。切り口が粗いときは、紙やすりでなめらかにする。周囲には毛糸を貼る。

4 鬼の顔のパーツは型紙を使って色画用紙や和紙でつくり、組み合わせて障子に貼る。

声かけ 自由に鬼の顔をつくってみましょう

※障子の枠を大きくする場合は、鬼の顔も枠に合わせて拡大します。

型紙 ➡ 151ページ

2月 かまくらで熱燗（あつかん）

しんしんと雪の降る夜、かまくらの中には、ほろ酔いのキツネくんたちがいます。

技法
折る　切る　貼る
ちぎる　削る　こねる
押す　そめる　ぬる

コツ
★かまくらは、ちぎった和紙をカーブに沿って貼っていく。重ね貼りをすると質感が出る
★徳利（とっくり）とお猪口（ちょこ）は紙粘土で立体的に仕上げる

準備品
台紙：色画用紙（藍色）
月：和紙
雪：六角形の鉛筆、絵の具
かまくら：和紙
かまくらの灯り：絵の具、たんぽ
キツネ：白画用紙、毛糸、白の紙粘土、絵の具、ワイヤー
徳利とお猪口：白の紙粘土、絵の具

つくり方

1. 月とかまくらの下絵を台紙に写す。かまくらの中をたんぽでオレンジ色にそめ、灯りを表現する。

【簡単】2. 月とかまくらに和紙をちぎって貼る。
　〈声かけ〉かまくらの中に入ったことはありますか？

【挑戦】3. キツネ（型紙）を白画用紙に写して切り、全体に毛糸を貼り、さらに周囲を毛糸で縁取る。目に黒の毛糸、鼻に紙粘土を絵の具でそめて貼り、ワイヤーのひげをつける（92ページ参照）。

4. 紙粘土で徳利とお猪口をつくり、絵の具でそめて貼る（水色の紙粘土を使ってもよい）。

【簡単】5. 鉛筆の頭に絵の具をつけ、雪のスタンプを押す。
　〈声かけ〉たくさん雪を降らせてみましょう

下絵 型紙 ➡ 152ページ

101

2月 バレンタイン

バレンタインデーには、チョコレートといっしょにこんな花束もいかがですか？

型紙 ➡ 152ページ

技法
折る／切る／貼る／ちぎる／削る／こねる／押す／そめる／ぬる

コツ
★ お花紙でつくった花をたくさん貼るので、台紙には厚めの画用紙を使うと◎
★ ロゴは、色の違う画用紙を2枚重ねて目立たせる

準備品
台紙：厚めの白画用紙
ロゴ：色画用紙（2色）、白画用紙
ハート：ハートのスタンプ、絵の具
天使：フェルト、毛糸
花束：お花紙、リボン

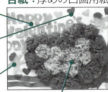

つくり方

挑戦

1. 色画用紙2枚にロゴの型紙を裏から写す。1枚はロゴよりも2〜3ミリほど大きく切る。もう1枚はロゴを切り抜き、切り抜いた部分に同じ形の白画用紙を貼る。ロゴを台紙に貼る。

2. フェルトを天使（型紙）の形に切り、髪の毛は毛糸をくるくると巻きながら貼る。

3. ハートのスタンプをつくって（13ページ参照）台紙に押す。

簡単

4. お花紙を4分の1に切り、10枚ほど重ねて花をつくる（赤15個、ピンク7個程度）。

5. リボンを蝶々結びにして貼り、4の花はハートの形に両面テープで貼る。

声かけ
こんな花束があったら誰にあげますか？

2月 雪うさぎ

下絵 型紙 ➡ 153ページ

しんしんと降りしきる雪の中、うさぎたちが仲よくうずくまっています。

技法
折る　切る　貼る
ちぎる　削る　こねる
押す　そめる　ぬる

コツ
★ 背景をそめるとき、ラメ入りの絵の具を混ぜると、白銀の世界を表現しやすい

準備品
雪：わた
空：半紙、絵の具（黒、ラメ入り白）
木：フェルト、和紙
山：クレヨン
地面の雪：たんぽ、絵の具（空色、ラメ入り白）
台紙：白画用紙
雪うさぎ：あく取りシート、和紙、フェルト

つくり方

簡単 1 台紙に山の下絵を写し、地面をたんぽで淡い水色にそめる。

2 半紙を絵の具でグレーにそめる。乾いたら少しもみ、おおまかにちぎって空に貼る。

3 山をクレヨンでぬり、木（型紙）を写したフェルトと和紙を切って貼る。

声かけ
それぞれの素材の感触の違いを感じてみましょう

挑戦 4 雪うさぎ（型紙）の体はあく取りシートを2枚重ね、耳は和紙、目はフェルトでつくって貼る。

5 木の上にわたを貼り、全体の雪は小さくまるめたわたを貼る。

梅とメジロ

下絵 型紙 ➡ 154ページ

梅のつぼみが開くと、さっそくメジロが飛んできました。春がそこまできています。

技法: 折る / 切る / 貼る / ちぎる / 削る / こねる / 押す / そめる / ぬる

コツ:
- ★ 紙粘土をまるめ、お花紙で包んでつくる梅の花。背景を薄くそめることで花が引き立つ
- ★ メジロの羽部分に柄入りの和紙をちぎって貼ると、自然な模様のように見える

準備品:
- 背景: 絵の具、たんぽ
- 台紙: 白画用紙
- 梅の木: 和紙
- 梅の花: 紙粘土（赤）、お花紙
- メジロ: 白画用紙、和紙、折り紙、フェルト

つくり方

簡単 1 台紙全体をたんぽで薄くピンク色にそめる。

> **声かけ** 軽くポンポンとたたいてそめましょう

2 和紙に梅の木の下絵を写し、切って貼る。

3 梅の花ひとつにつき、紙粘土を5個まるめる。ピンクのお花紙を16分の1程度に切り、粘土をくるんで貼る。黄色のお花紙（16分の1程度に切り3等分）を指先でねじっておしべをつくり、梅の花の形に貼る。

梅の花は粘土5個、おしべ3本で1セット。

挑戦 4 メジロ（型紙）の形に白画用紙を切り、頭と羽に和紙をちぎって貼る。目とくちばしに折り紙を貼り、おなかと足にフェルトを貼る。

3月

チューリップ ▶ P.106

ひな祭り ▶ P.110

菜の花 ▶ P.112

卒業の思い出 ▶ P.108

めだかの学校 ▶ P.111

ひな祭りや卒業式など、お祝い事の多い3月。

ようやく日差しにも暖かさが感じられるようになり、気持ちが華やぐ季節です。

春の花の定番のチューリップや菜の花、小川を泳ぐめだかなど、

春らしいモチーフを取り入れましょう。

3月 チューリップ

色鮮やかなチューリップと風車、まるでオランダの風景のようですね。

技法: 折る / 切る / 貼る / ちぎる / 削る / こねる / 押す / そめる / ぬる

コツ:
★ チューリップの花は、和紙をちぎったものと切ったものを組み合わせて貼る
★ 風車の羽根は、紙とガーゼを貼り合わせて2重にすると風合いが出る

準備品:
- 背景:和紙、絵の具、たんぽ
- チューリップ:和紙、折り紙、毛糸、色画用紙
- 台紙:白画用紙
- 雲:わた
- 風車小屋:フェルト、画用紙(白・黒)、竹串、ガーゼ、あく取りシート

つくり方

1. 台紙に下絵を写し、背景の空に和紙を貼る。丘はたんぽで緑にそめ、地面は絵筆で茶色にそめる。

2. チューリップの左右の花びらに和紙をちぎって貼り、中央の花びらは折り紙を切る。毛糸3本を中央の花びらとともに木工用接着剤で貼ってとめ、一方向にきつくねじり、葉の部分に色画用紙でとめる。葉は和紙をちぎって貼る。

3. **挑戦** 風車小屋(型紙)をフェルトでつくり、黒画用紙で模様部分をつくる。風車は画用紙とガーゼを貼り合わせて竹串に接着し、2本を十字に組み合わせる。風車と小屋の間にあく取りシートをはさんで接着し、十字の重なり部分を隠すようにフェルトを貼る。

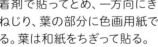

4. **簡単** わたの雲を貼る。

下絵 型紙 ➡ 155ページ

卒業の思い出

卒業の思い出を切手の中に閉じ込めました。
いつまでも色あせませんように。

技法
折る / 切る / 貼る / ちぎる / 削る / こねる / 押す / そめる / ぬる

コツ
★ 和紙はよくもんでから、背景部分は大きめに、卒業生部分は細かめにちぎると貼りやすい
★ ちぎり貼りがメインなので、台紙は厚めの画用紙がおすすめ

準備品
背景：和紙
切手の枠：色画用紙
台紙：厚めの白画用紙
卒業生の切手：絵の具、和紙、折り紙、フェルト、ラメ入りペン
桜の花びら：和紙

つくり方

1. 台紙に下絵を写し、切手の枠部分にマスキングテープを貼っておく。

簡単 2. 切手の背景（緑部分）を絵筆でそめ、白い部分は和紙をちぎって貼る。

> 声かけ
> 卒業の思い出を教えてください

挑戦 3. 人物と数字の「80」（下絵）に折り紙や和紙をちぎって貼る。女性の髪飾り（型紙）をフェルトでつくり、女性と男性の襟元にラメ入りペンをぬる。

簡単 4. マスキングテープをはがし、切手の枠の外側の背景に和紙を大きめにちぎって貼る。

> 声かけ
> 和紙をよくもんでからちぎりましょう

5. 色画用紙に切手の枠（型紙）を写して切り、台紙に貼る。桜の花びら（型紙）の形に和紙を切って貼る。

下絵 型紙 ➡ 156ページ

月 ひな祭り

下絵 型紙 ➡ 157ページ

つるし雛には、「衣食住に困らないように」という親の願いがこめられています。

技法
折る / 切る / 貼る / ちぎる / 削る / こねる / 押す / そめる / ぬる

コツ
★ 台紙に使う和紙は、表面がなめらかで淡い色のものにすると、ステンシルがきれいに仕上がる

★ ステンシルの色は、たんぽの素材（ガーゼならば網目の模様）が出るくらい淡い色がおすすめ

準備品
台紙：白画用紙、和紙
つるし雛：ステンシルプレート、絵の具、たんぽ、毛糸、モール
ぼんぼり：和紙、毛糸
台：フェルト
雛人形：和紙、色画用紙、フェルト、折り紙、毛糸

つくり方

1. 台紙全体を和紙でくるみ、両面テープで貼る。

2.【簡単】つるし雛の下絵をカッターで切り抜き、簡易ステンシルプレートをつくる。プレートをマスキングテープで固定し、たんぽでステンシルする（14ページ参照）。

> **声かけ**
> 何度かステンシルの練習をしましょう

3. 下絵を台紙に写し、雛人形ののる台にフェルトを貼る。ぼんぼりに和紙を貼り、その上からと、支柱と台に毛糸を貼る。

4.【挑戦】雛人形の着物（下絵）に和紙をちぎって貼る。ほかの部分（型紙）は色画用紙やフェルト、折り紙でつくり、目は細めの毛糸を切って貼る。

5. つるし雛の間に毛糸とまるめたモールを貼る。

3月 めだかの学校

型紙 ➡ 158ページ

さらさらと流れる春の小川。水の流れにのって、めだかも元気に泳いでいます。

技法
折る　切る　貼る
ちぎる　削る　こねる
押す　そめる　ぬる

コツ
★ コロコロスタンプ（ラップの芯に毛糸を巻きつけたもの）で川の流れを表現すると動きが出る

★ グレーのめだかのところどころに明るい色のめだかを重ねて貼り、光に反射している様子を表すと華やかになる

準備品
台紙：白画用紙
石：フェルト
川に浮かぶ葉：和紙、半紙、絵の具
めだか：半紙、絵の具
川の流れ：コロコロスタンプ（ラップの芯、毛糸）、絵の具
川岸の草：ステンシルプレート、絵の具、たんぽ
小花：小花のスタンプ、絵の具、モール

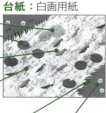

つくり方

1. 石はフェルトを切り、ペンで模様を描く。川に浮かぶ葉は和紙を切り、影になる部分は半紙を絵の具でそめ、乾いたら切る。めだか（グレーとやまぶき）も半紙をそめてつくる。

2. コロコロスタンプをつくり、絵の具をぬって転がし、川の流れを表す。

   声かけ　てのひら全体で転がしてみましょう

   毛糸の先はラップの中でとめる。

3. 川岸の草と草かげ部分のステンシルプレートをつくる（14ページ参照）。草かげをステンシルし、よく乾いてから草をステンシルする。

簡単 4. 石を貼り、葉とめだかを、影を表すグレーの半紙とずらして貼る。

挑戦 5. 小花のスタンプをつくって（13ページ参照）押し、中心にモールを貼る。絵筆で草を少し描き足す。

3月 菜の花

菜の花畑を、春を待ちわびたみつばちがうれしそうに飛びまわります。

下絵　型紙　➡ 159ページ

技法　折る／切る／貼る／ちぎる／削る／こねる／押す／そめる／ぬる

コツ
★ 背景の色を淡くして、はちの巣や菜の花を目立たせる
★ 黄色は見えにくいので、はちの巣や菜の花にオレンジ色を使う

準備品
- **背景**：絵の具、たんぽ
- **はちの巣**：はちの巣のスタンプ、絵の具
- **みつばち**：色画用紙
- **台紙**：白画用紙
- **菜の花**：クレヨン、菜の花のスタンプ、絵の具

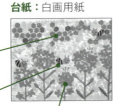

つくり方

1. 台紙に菜の花の茎と葉の下絵を写し、全体をたんぽで薄く黄緑色にそめる。

   声かけ　一面の菜の花畑はきれいでしょうね

2. 【簡単】菜の花の茎や葉をクレヨンでぬる。

   声かけ　スタンプの練習をしましょう

3. 菜の花とはちの巣（型紙）のスタンプをつくって押す（13ページ参照）。台紙に下絵を写してから押してもよい。

4. 【挑戦】みつばち（型紙）を色画用紙に写して切る。顔と模様をペンで描き、台紙に貼る。

コピー用下絵・型紙集

- 次ページからは、本書で紹介している作品の下絵と型紙を掲載しています。

- 実際に使用するときは、必要な大きさに拡大コピーをしてお使いください。本書の作品は四つ切り画用紙のサイズ（縦約390ミリ×横約540ミリ程度）で制作していますので、このサイズで制作する場合は、下絵や型紙を400%に拡大コピーをして使用します。それ以外のサイズで作品を制作する場合の型紙の拡大コピーのしかたや写し方については、10ページをご覧ください。

注意！

小さな型紙については、200%拡大のマークをつけて、ほかの型紙よりも200%拡大した大きさで掲載しています。コピーして使うときは、ほかの型紙の2分の1の倍率で拡大コピーして使用してください。

「かざぐるま」と「貝ノ口」の折り方

本書に掲載している「かざぐるま」と帯結びの「貝ノ口」の折り方です。

● かざぐるま（「こいのぼり」30ページ）

①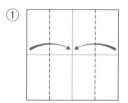
縦と横に半分に折って折り目をつけてから、点線で折る

②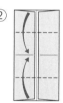
点線で折る

③
折り目をつけてもどす

④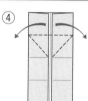
点線で折りながら角を開く

⑤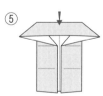
ふくろを前につぶす

⑥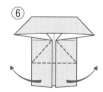
上と同じように折る

⑦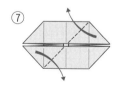
点線で折る

⑧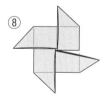
できあがり

● 貝ノ口（「菊」80ページ）

①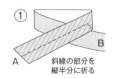
斜線の部分を縦半分に折る

一方の先を縦半分に折り（A）、もう一方の先（B）が下をくぐるように前で交差させる

②
Bをさらに1周させ、今度はAの上で交差させる。その後、Bの先端部分を折り返し、図の矢印のようにAの下をくぐらせる

③
そのままBを上に引き出し、折り目を整える

④
Aを斜め上に折り返す

⑤
図の矢印のようにBはAの下をくぐらせる

⑥
そのままBを斜め上に引き出してできあがり

新学期

下絵

花びら 子どものランドセル 子どもの帽子

子どもの体

200%拡大

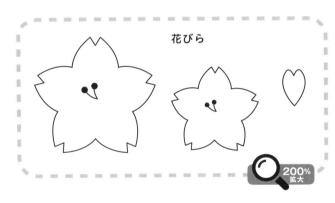 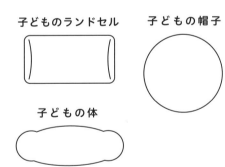

クローバーと蝶

タンポポの花　　タンポポの葉　　　　　　　　　蝶

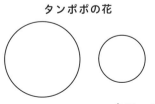  

クローバー（スタンプ用）

この模様部分が見えるように、しっかり開いてコピーしてください

22ページ てんとう虫と青虫

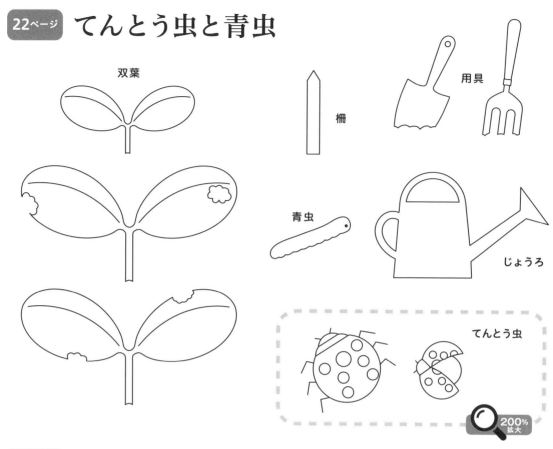

23ページ 花模様

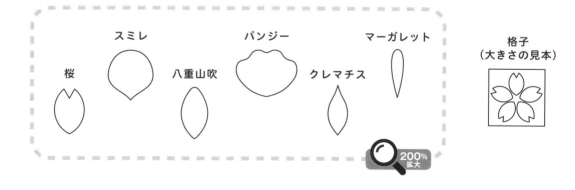

24ページ たけのこ

26ページ 里の春

下絵

花

200%拡大

この模様部分が見えるように、しっかり開いてコピーしてください

28ページ 母の日

人物シルエット

この模様部分が見えるように、しっかり開いてコピーしてください

30ページ こいのぼり

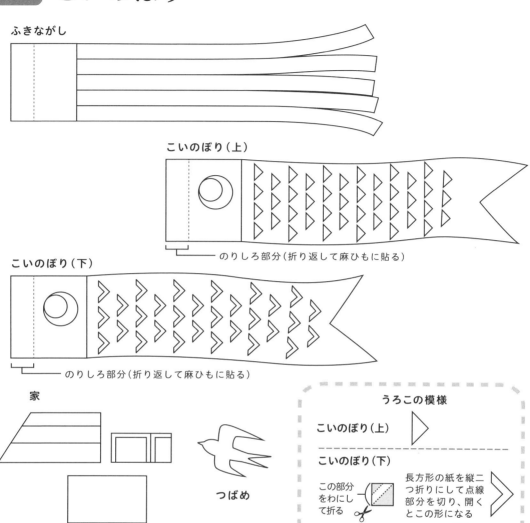

31ページ いちご狩り

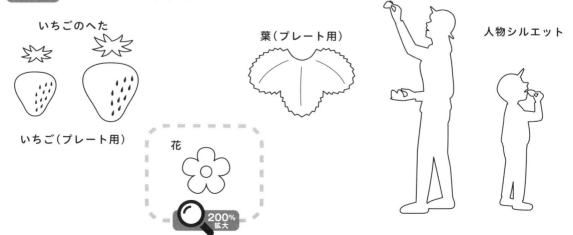

32ページ 新緑

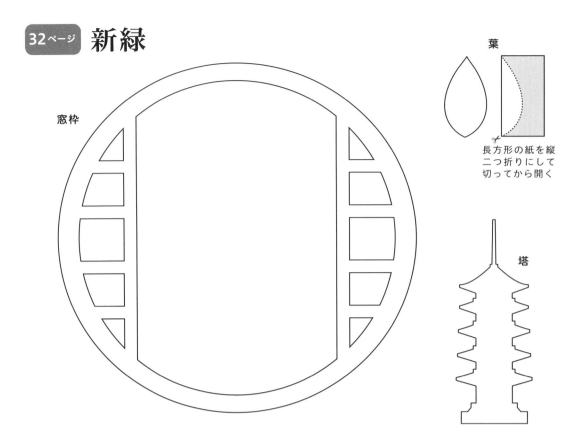

34ページ 6月の花嫁

この模様部分が見えるように、しっかり開いてコピーしてください

 ロゴ

 髪飾り 200%拡大

 植え込み

 父の日

この模様部分が見えるように、しっかり開いてコピーしてください

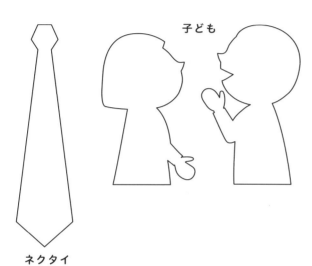 子ども / ネクタイ

 お父さん

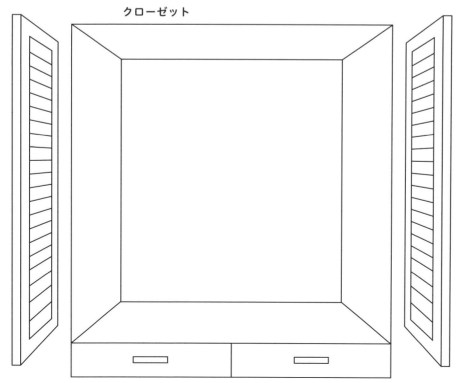 クローゼット

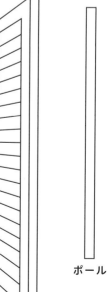 ポール

38ページ　てるてる坊主

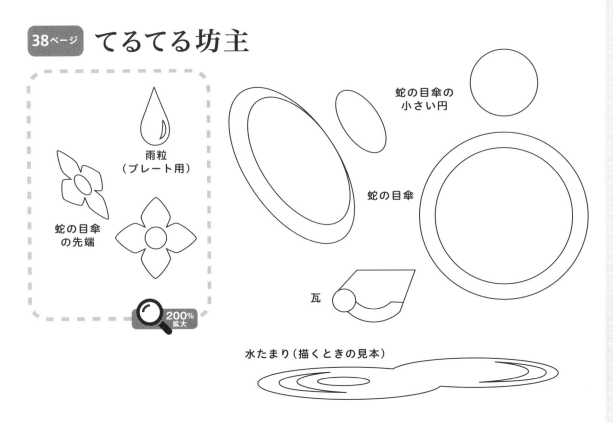

この模様部分が見えるように、しっかり開いてコピーしてください

39ページ　あじさい

下絵

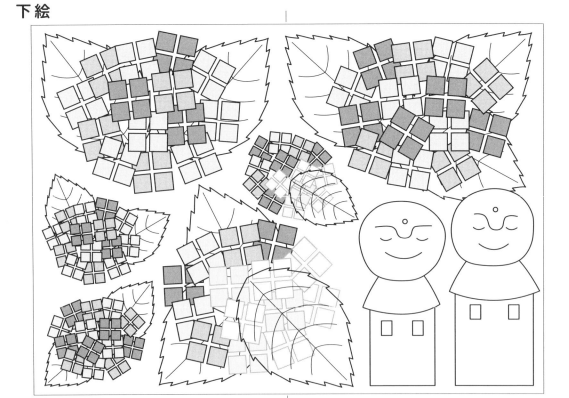

この模様部分が見えるように、しっかり開いてコピーしてください

40ページ 牡丹

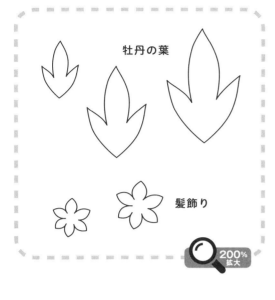

牡丹の葉

髪飾り

200%拡大

女性

42ページ ほたる

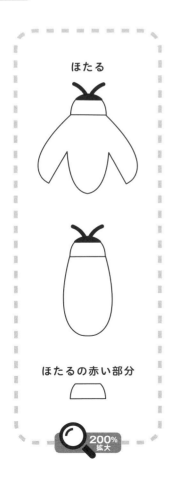

ほたる

ほたるの赤い部分

200%拡大

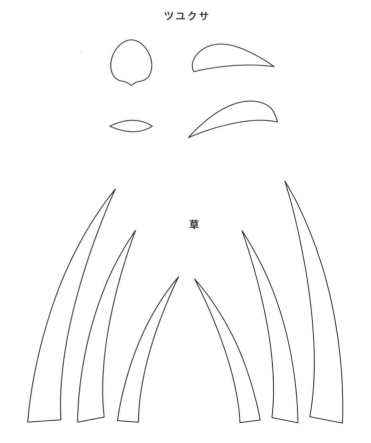

ツユクサ

草

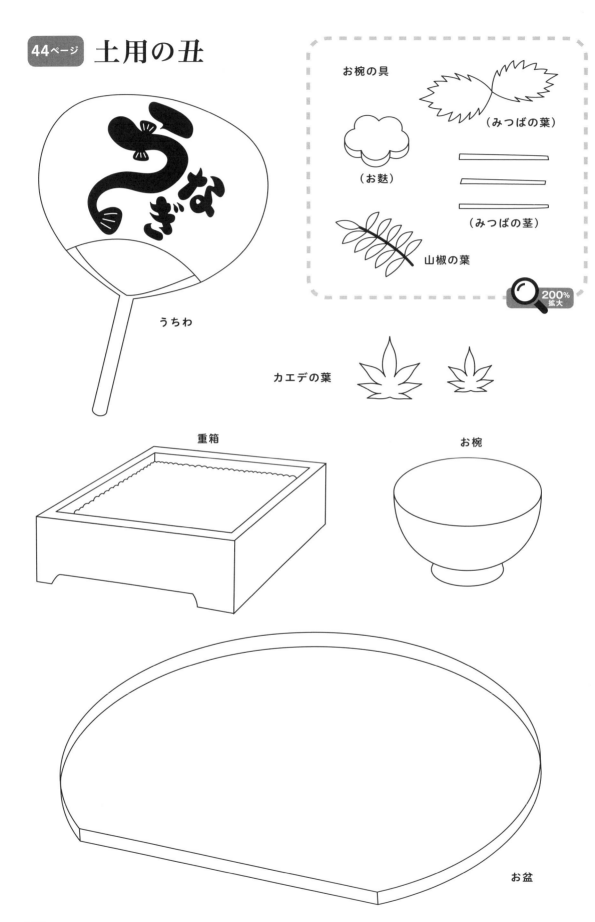

この模様部分が見えるように、しっかり開いてコピーしてください

46ページ 七夕

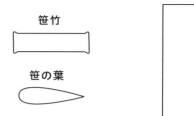

47ページ 海開き

下絵

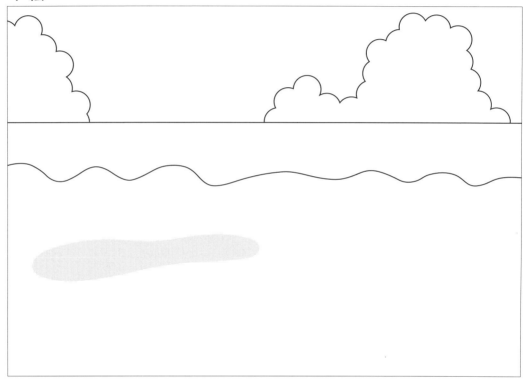

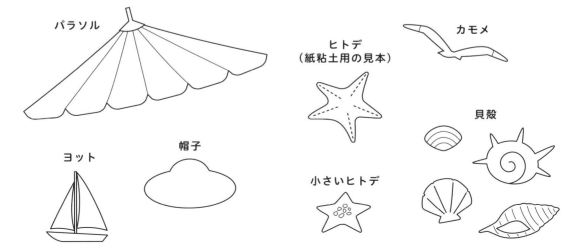

48ページ あさがおと虹
下絵

あさがおの中央部分

50ページ 花火
下絵

この模様部分が見えるように、しっかり開いてコピーしてください

52ページ 金魚すくい

この模様部分が見えるように、しっかり開いてコピーしてください

水槽

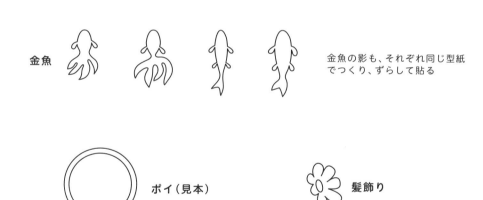

金魚　　金魚の影も、それぞれ同じ型紙でつくり、ずらして貼る

ポイ（見本）　　髪飾り

子ども

54ページ 真夏の居間

下絵

この模様部分が見えるように、しっかり開いてコピーしてください

風鈴

柱

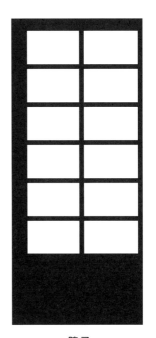
障子

セミとひまわり

下絵

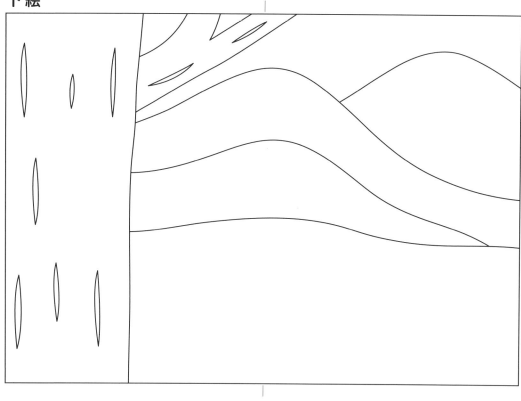

この模様部分が見えるように、しっかり開いてコピーしてください

ひまわり（奥側）

ひまわり（手前側）

セミ
（紙粘土用の見本）

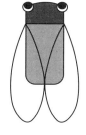

セミの羽

56ページ とうろう流し

下絵

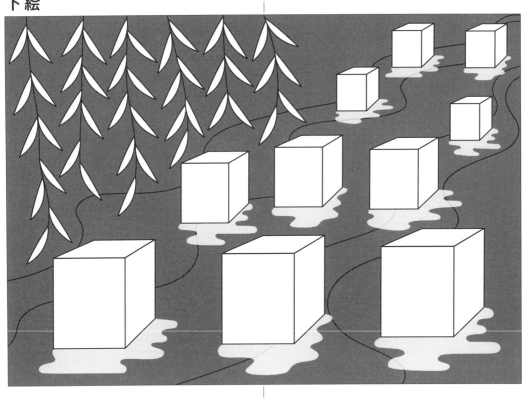

この模様部分が見えるように、しっかり開いてコピーしてください

柳の葉

とうろう

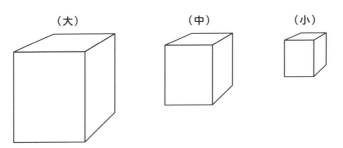

（大）　（中）　（小）

58ページ たぬきのお月見

下絵

この模様部分が見えるように、しっかり開いてコピーしてください

たぬき　　　　　団子　　　　　　　　雲

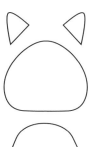

団子をのせる台

左のたぬきのしっぽ　　　右のたぬきのしっぽ

60ページ ぶどう

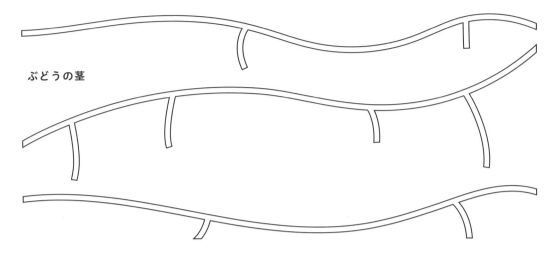

ぶどうの茎

ぶどう（スタンプ用）

葉

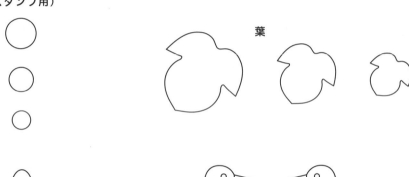

小鳥

この模様部分が見えるように、しっかり開いてコピーしてください

62ページ 金木犀

鳥

花

葉
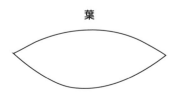

63ページ 虫の声

下絵

この模様部分が見えるように、しっかり開いてコピーしてください

月

花と葉

ト音記号の横の草

虫

下側の草

それぞれのパーツを重ねて貼る

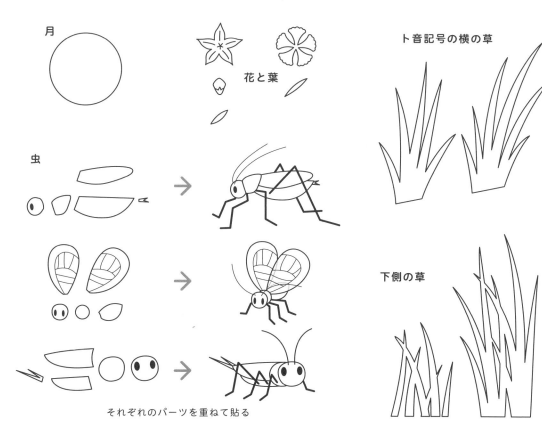

64ページ 稲刈りと案山子

下絵

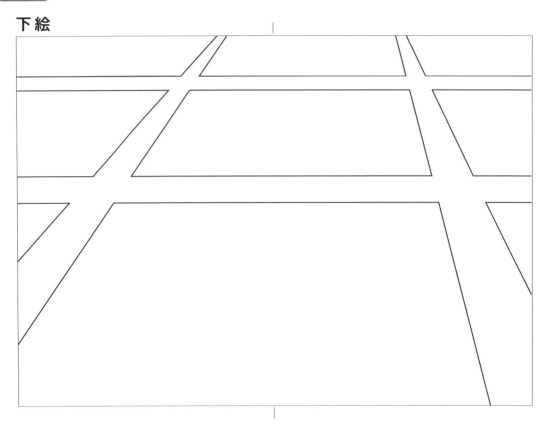

この模様部分が見えるように、しっかり開いてコピーしてください

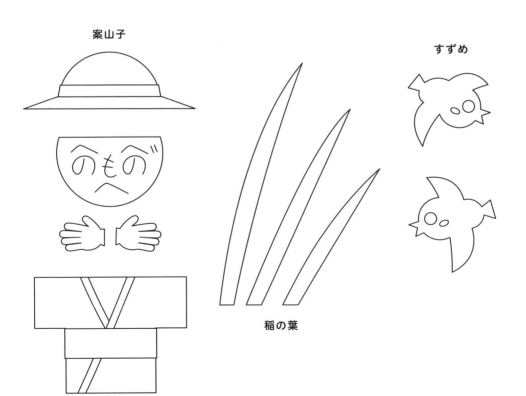

案山子

すずめ

稲の葉

66ページ コスモスと柴犬

下絵

この模様部分が見えるように、しっかり開いてコピーしてください

犬

コスモス

コスモスの中心

68ページ ハロウィン

下絵

ロゴ

かぼちゃ

おばけ

この模様部分が見えるように、しっかり開いてコピーしてください

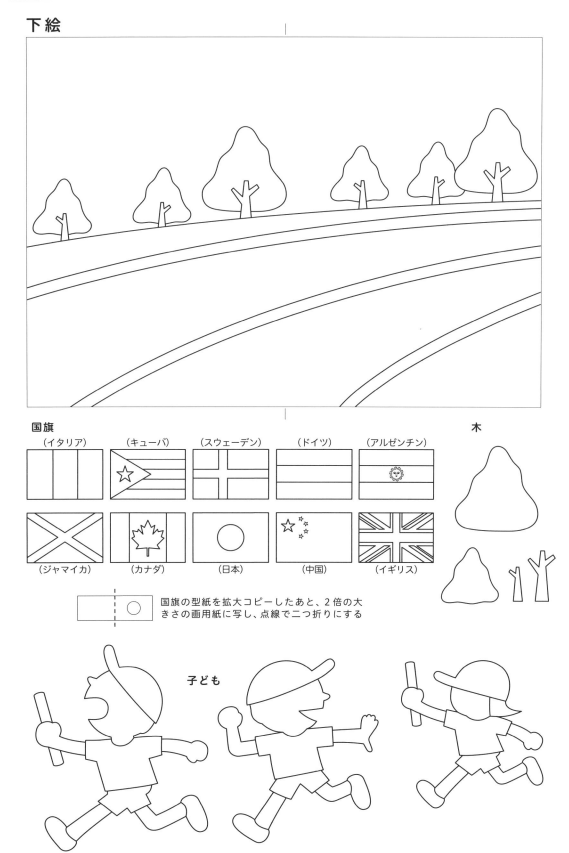

71ページ 夕焼け

下絵

この模様部分が見えるように、しっかり開いてコピーしてください

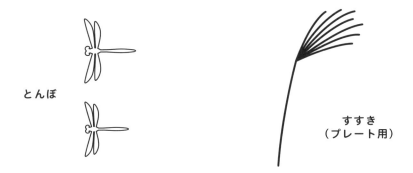

とんぼ

すすき（プレート用）

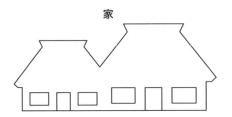

家

72ページ 木の実を食べるリス

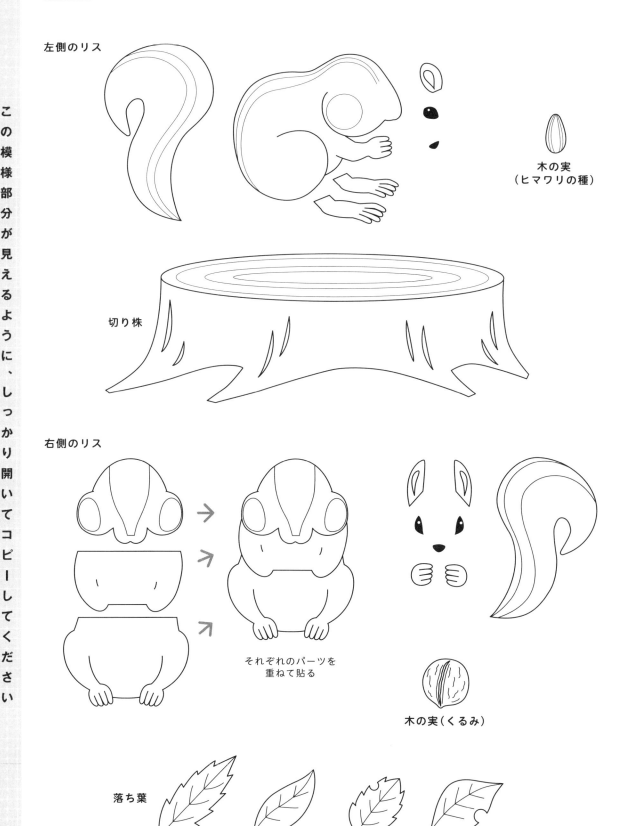

74ページ 紅葉

下絵

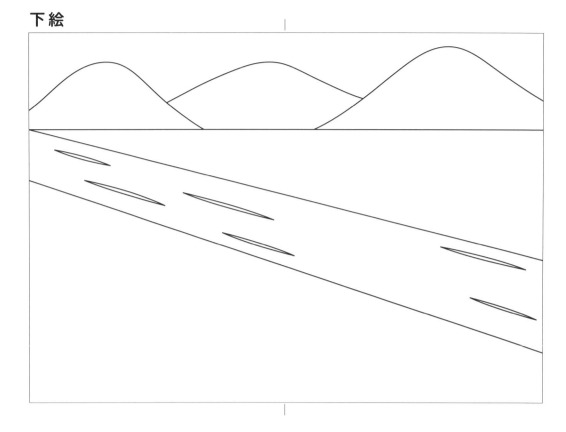

この模様部分が見えるように、しっかり開いてコピーしてください

もみじ
（スタンプ用）

鹿

76ページ 七五三

下絵

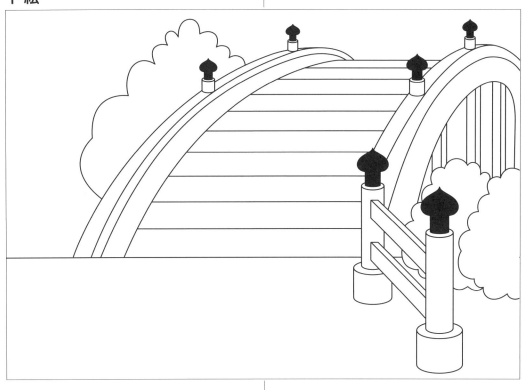

この模様部分が見えるように、しっかり開いてコピーしてください

髪飾り

千歳飼

擬宝珠(ぎぼし)

女の子シルエット

78ページ 秋の味覚

下絵

カボチャ
栗ごはん
りんご（見本）
マツタケ
栗（見本）
柿（見本）
サンマ（見本）
カボス

この模様部分が見えるように、しっかり開いてコピーしてください

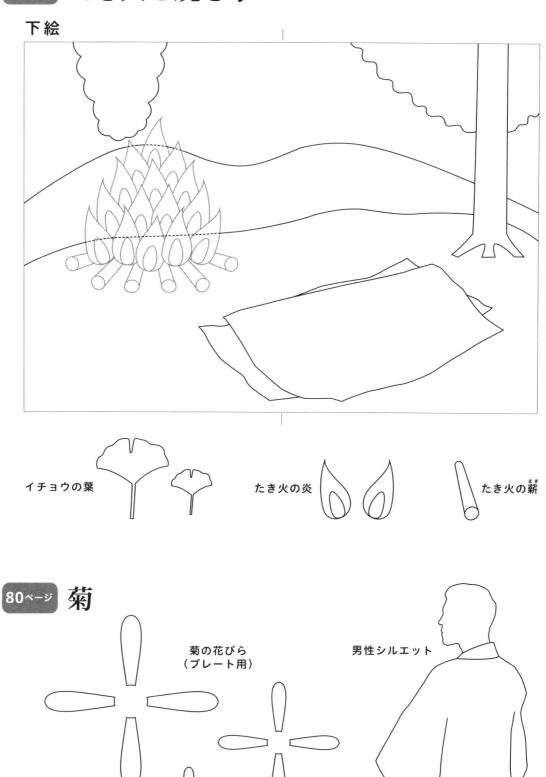

141

82ページ クリスマス

下絵

オーナメント

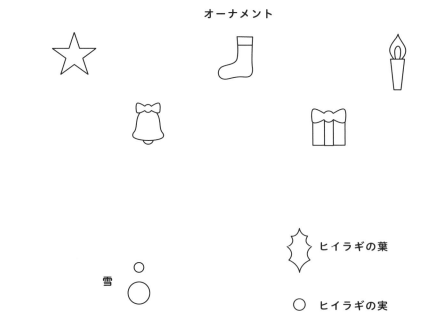

ヒイラギの葉

ヒイラギの実

雪

この模様部分が見えるように、しっかり開いてコピーしてください

84ページ ほっこり雪だるま

下絵

この模様部分が見えるように、しっかり開いてコピーしてください

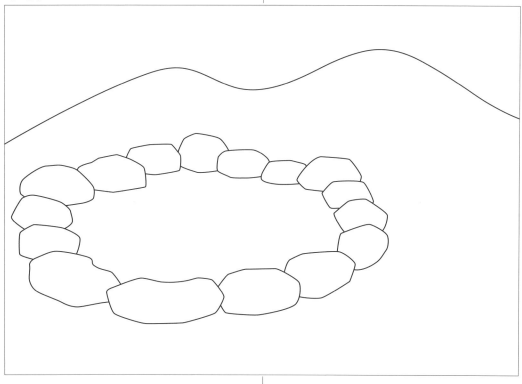

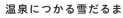
温泉につかる雪だるま

湯気

桶とタオル

頭にタオルをのせる雪だるま

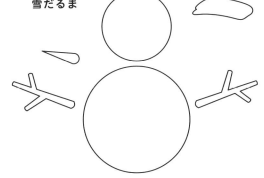

肩にタオルをかける雪だるま

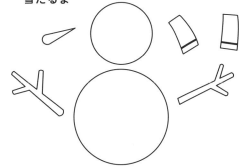

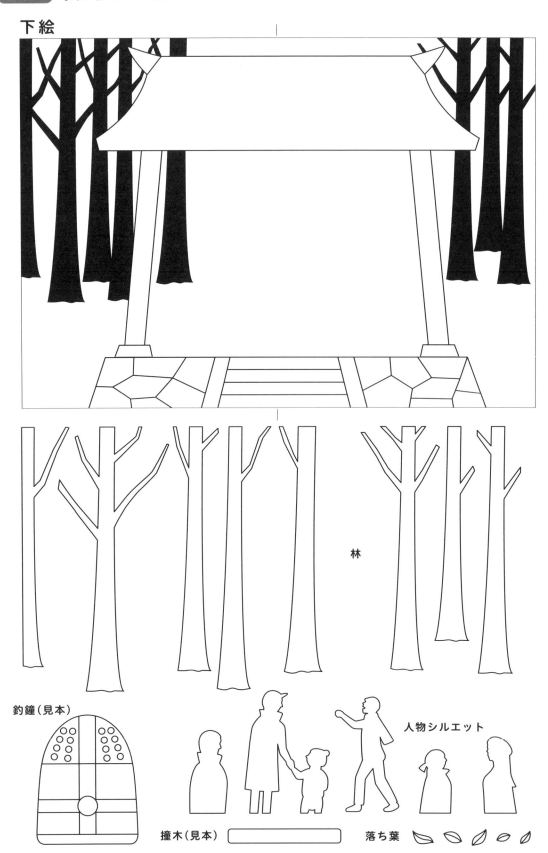

屋根のつくり方

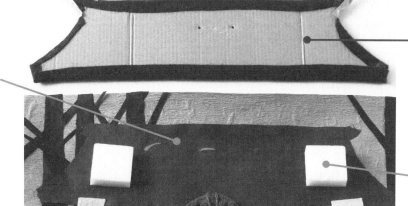

屋根の裏側の部分（段ボールを紺色のフェルトで包み、先端に金の折り紙を巻く）

つくり方の3で貼った屋根（下絵）の色画用紙

立体感を出すためのスポンジ

この模様部分が見えるように、しっかり開いてコピーしてください

87ページ 椿

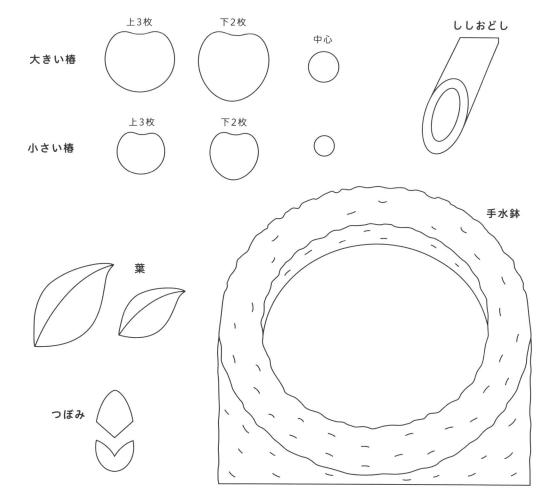

大きい椿　上3枚　下2枚　中心

ししおどし

小さい椿　上3枚　下2枚

葉

つぼみ

手水鉢

雪の結晶

下絵

雪の結晶
（プレート用）

90ページ 獅子舞と凧揚げ

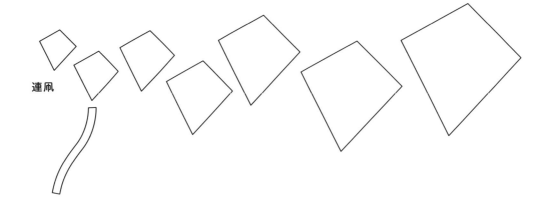

連凧

この模様部分が見えるように、しっかり開いてコピーしてください

獅子の体

渦巻模様（プレート用）

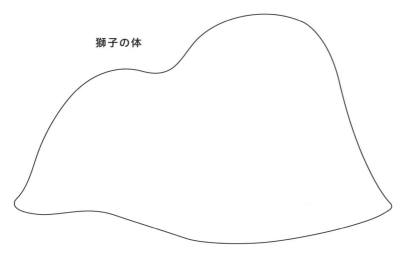

獅子の髪の毛

獅子の耳

獅子の顔

この模様部分が見えるように、しっかり開いてコピーしてください

獅子の顔（紙粘土用の見本）

獅子の足

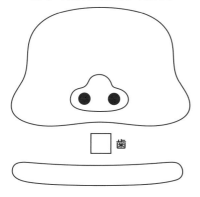

□歯

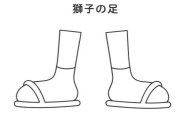

人物シルエット

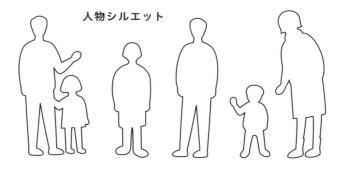

こたつで丸くなるネコ

下絵

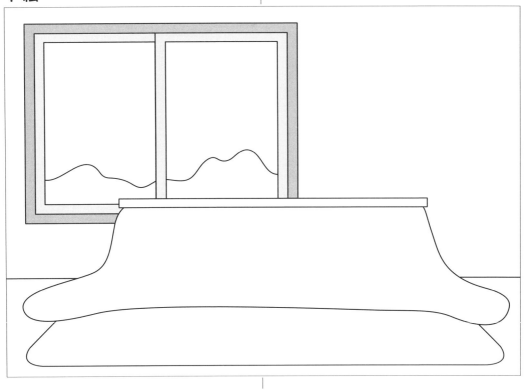

この模様部分が見えるように、しっかり開いてコピーしてください

カレンダー

ネコ

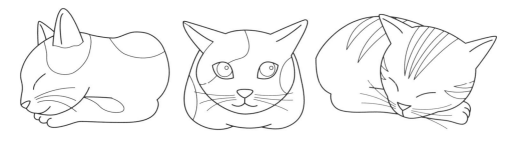

94ページ ご来光

下絵

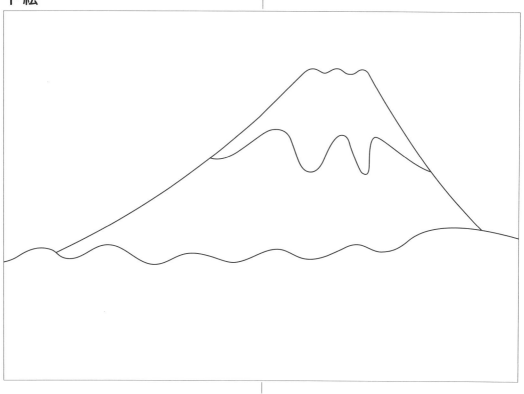

この模様部分が見えるように、しっかり開いてコピーしてください

松  梅

太陽
（紙粘土の見本）

95ページ おせちと鏡餅

下絵

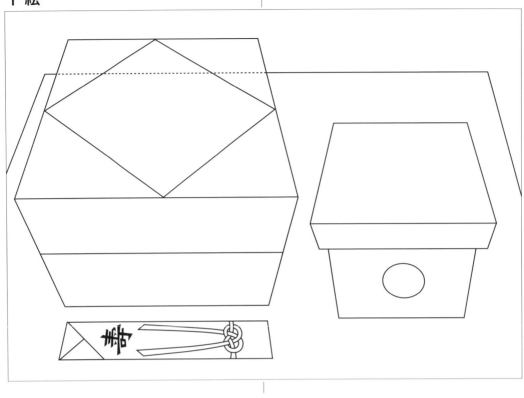

この模様部分が見えるように、しっかり開いてコピーしてください

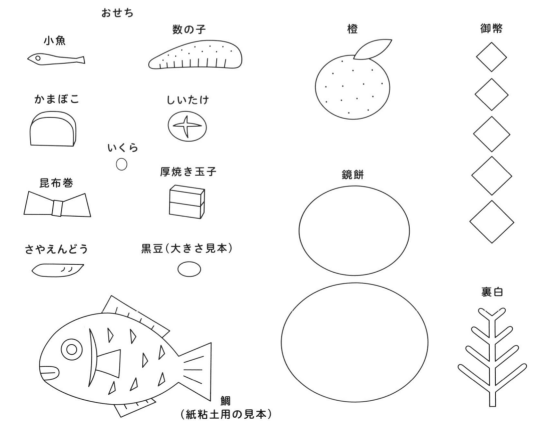

おせち
- 小魚
- 数の子
- 橙
- 御幣
- かまぼこ
- しいたけ
- いくら
- 昆布巻
- 厚焼き玉子
- 鏡餅
- さやえんどう
- 黒豆（大きさ見本）
- 鯛（紙粘土用の見本）
- 裏白

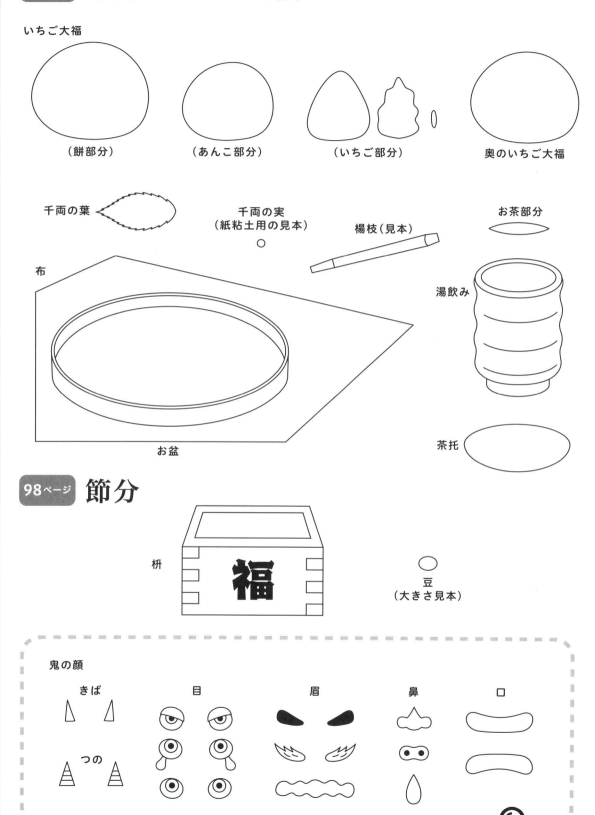

100ページ かまくらで熱燗

下絵

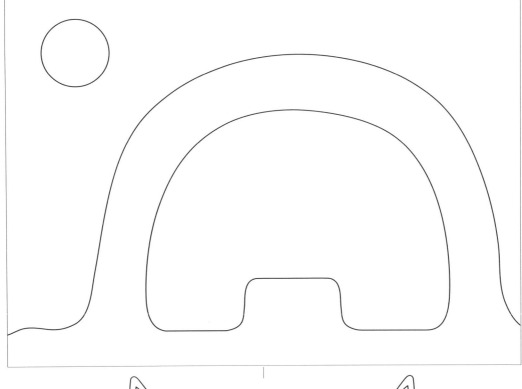

キツネ

徳利とお猪口
（紙粘土用の見本）

キツネ

102ページ バレンタイン

ロゴ

ハート
（スタンプ用）

天使

この模様部分が見えるように、しっかり開いてコピーしてください

103ページ 雪うさぎ

下絵

この模様部分が見えるように、しっかり開いてコピーしてください

木

雪うさぎの耳
目
体

104ページ 梅とメジロ

下絵

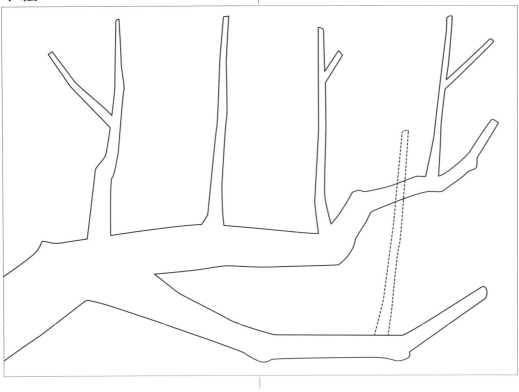

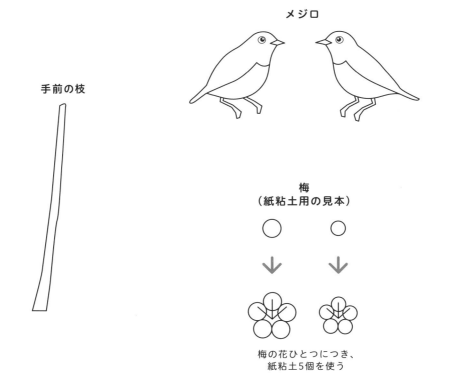

メジロ

手前の枝

梅
（紙粘土用の見本）

梅の花ひとつにつき、
紙粘土5個を使う

この模様部分が見えるように、しっかり開いてコピーしてください

106ページ チューリップ

下絵

この模様部分が見えるように、しっかり開いてコピーしてください

チューリップ　（左右の花びら）　（中央の花びら）　　

風車の羽根

竹串を中央にはさみ、縦半分に折って貼りつける

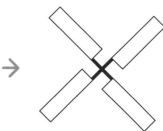

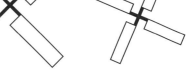 重なり部分を隠す円

風車小屋　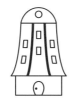

卒業の思い出

下絵

この模様部分が見えるように、しっかり開いてコピーしてください

髪飾り

桜の花びら
長方形の紙を縦二つ折りにして切ってから開く

110ページ ひな祭り

下絵

この模様部分が見えるように、しっかり開いてコピーしてください

雛人形

男雛　　女雛

ぼんぼり

台

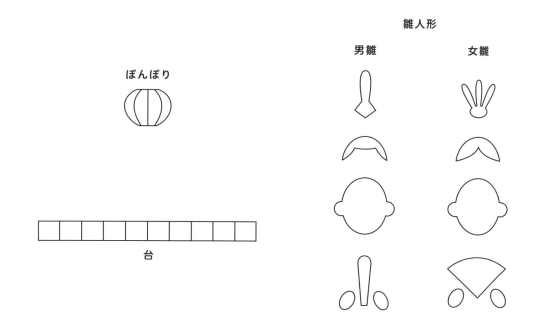

111ページ めだかの学校

川岸の草（プレート用）

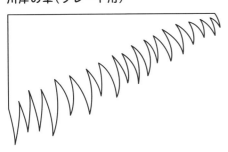

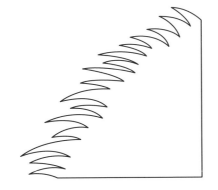

川岸の草かげ（プレート用）

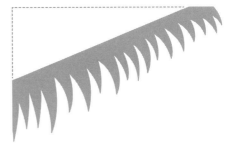

葉

石

めだか

小花（スタンプ用）

この模様部分が見えるように、しっかり開いてコピーしてください

112ページ 菜の花

下絵

この模様部分が見えるように、しっかり開いてコピーしてください

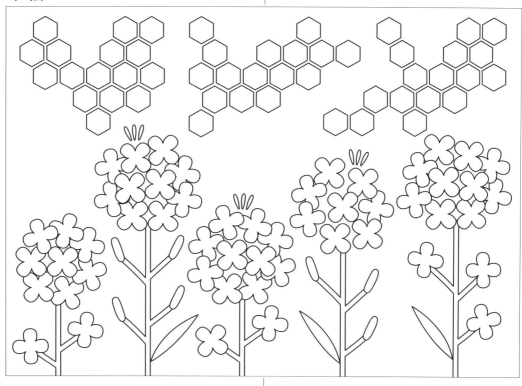

顔　　　体　　　羽

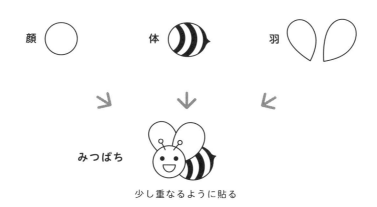

みつばち

少し重なるように貼る

みつばちの顔
（描くときの見本）

菜の花
（スタンプ用）

はちの巣
（スタンプ用）

監修

小林修二：目白大学保健医療学部長　保健医療学部理学療法学科・目白大学大学院リハビリテーション学研究科　教授　博士（心身障害学）理学療法士

會田玉美：目白大学保健医療学部作業療法学科・目白大学大学院リハビリテーション学研究科　教授　博士（保健科学）作業療法士

佐藤佐和子：目白大学保健医療学部作業療法学科　専任講師　博士（保健学）作業療法士

佐藤彰紘：目白大学保健医療学部作業療法学科　専任講師　修士（医科学）作業療法士

目白大学
ルーツは1923年の研心学園創設に遡る。人間学部、社会学部、経営学部、外国語学部、保健医療学部、看護学部の6学部に、大学院の7研究科をもつ総合大学。現在のキャンパスは以下の3つ。

新宿キャンパス
〒161-8539　東京都新宿区中落合4-31-1　　TEL 03-5996-3117（入試広報部）

岩槻キャンパス
〒339-8501　埼玉県さいたま市岩槻区浮谷320　　TEL 048-797-2111（大代表）

国立埼玉病院キャンパス
〒351-0102　埼玉県和光市諏訪2-12　　TEL 048-260-7001（埼玉病院キャンパス事務室）

デザイン協力
本沢優佳：修士（デザイン学）作業療法士

壁面かざり制作
目白大学　佐藤佐和子ゼミ等（橋本悠人・修行拓弥・小見野由貴・西田一輝・浜野萌子）、学生有志のみなさん

スタッフ
カバーデザイン：sakana studio
本文デザイン・DTP：Nicoli-Graphics（三輪明日香、富田譲）
本文イラスト：藤田ヒロコ
下絵・型紙：松澤利絵
編集協力：ヴュー企画（須藤和枝）
撮影：天野憲仁（日本文芸社）

高齢者とつくる 12か月壁面かざり

2016年4月20日　第1刷発行

監修者　目白大学　小林修二、會田玉美、佐藤佐和子、佐藤彰紘
発行者　中村　誠
製版所　株式会社公栄社
印刷所　玉井美術印刷株式会社
製本所　大口製本印刷株式会社
発行所　株式会社 日本文芸社
〒101-8407　東京都千代田区神田神保町1-7
TEL 03-3294-8931（営業）　03-3294-8920（編集）
Printed in Japan　112160401-112160401 Ⓝ 01
ISBN978-4-537-21378-2
URL http://www.nihonbungeisha.co.jp/
Ⓒ Nihonbungeisha 2016

乱丁・落丁本などの不良品がありましたら、小社製作部宛にお送りください。送料小社負担にておとりかえいたします。
法律で認められた場合を除いて、本書からの複写・転載（電子化を含む）は禁じられています。また、代行業者等の第三者による電子データ化および電子書籍化は、いかなる場合も認められていません。
（編集担当　前川）